CB048649

notas sobre
uma possível
A casa de farinha

sub-temas do auto

a trama da conversa: esta estará
essencialmente pelo que vai acon-
cluir os otimismos e pessimismos
em respeito a esse acontecimento ime-
diato dessa expectativa).

Sudene: problema de ~~[illegible]~~ meios para

João Cabral de Melo Neto

Notas sobre uma possível A casa de farinha

ORGANIZAÇÃO Inez Cabral

EDITORA OBJETIVA LTDA
Rua Cosme Velho, 103
Rio de Janeiro – RJ – CEP 22241-090
Tel.: (21) 2199-7824 – Fax: (21) 2199-7825
www.objetiva.com.br

REVISÃO
Ana Kronemberger
Raquel Correa

PREPARAÇÃO DE TEXTO
Joaci Pereira Furtado

CAPA E PROJETO GRÁFICO
Mariana Newlands

IMAGENS DE CAPA
Acervo de família

CIP-BRASIL. CATALOGAÇÃO NA PUBLICAÇÃO
SINDICATO NACIONAL DOS EDITORES DE LIVROS, RJ

M486n

Melo Neto, João Cabral de
Notas sobre uma possível A casa de farinha / João Cabral de Melo Neto ; organização Inez Cabral. - 1. ed. - Rio de Janeiro : Objetiva, 2013.
145 p.

ISBN 978-85-7962-252-6

1. João Cabral de Melo Neto,1920-1999. A casa de farinha. 2. Poesia brasileira. I. Cabral, Inez. II. Título.

13-03163 CDD: 869.91
CDU: 821.134.3(81)-1

Sumário

O caso da casa de farinha, Armando Freitas Filho 7

Uma fábrica familiar, Luís Pimentel 14

Nota da organizadora 19

A CASA DE FARINHA 22

Sobre o autor 145

O caso da casa de farinha

Armando Freitas Filho

JOÃO CABRAL FALAVA QUE, QUANDO MORRESSE, SÓ O QUE ESTIVESSE publicado valeria. O resto, não. Mas num belo dia, em meados dos anos 1980, entregou a sua filha Inez um pequeno fichário escolar, de capa castigada, lhe dizendo que não tinha conseguido terminar e que ela fizesse algo com as anotações. Era o planejamento manuscrito, passo a passo, de um longo poema que vinha ruminando desde 1966, da estirpe, da garra, poética e social, de *O cão sem plumas*, *O rio*, *Morte e vida severina*, *Dois parlamentos*, *Poema(s) da cabra* e *Auto do frade*, para só ficar com os mais conhecidos.

A "Casa de farinha", agora, abre as folhas de suas portas graças à transcrição cuidadosa e competente de Inez, mostrando os bastidores da criação, não só do texto, mas do pensamento do poeta. A sensação é que estou lendo os originais, por cima do ombro da filha, assim como ela os lê por cima do ombro do pai e acaba por pegá-lo pela mão, trazendo-o inédito, novo em folha, em plena faina e forma, até nós, leitores. Como os poemas citados anteriormente (a partir d'*O rio*), sua dicção é calcada na matriz da literatura de cordel, que João Cabral menino lia para os empregados da família. A apropriação feita por ele dessa "fôrma" da poesia popular nordestina tem notável rendimento, pois ele incrementa, ao didatismo inerente a ela, sua voz de poeta maior.

A bela caligrafia cabralina, encontrada no fichário, pertence a uma ilustre "Família de letras", que, a meu ver, se irradia assim:

Machado puxa o fio
da sua caligrafia
até que a mão de Graciliano
o alcance, deixando-o
então, com Carlos Drummond
que passa para
Antonio Candido, e deste chega
a João Cabral, unindo-os
na mesma linhagem
com a linha do seu novelo.

Essa escrita vai nos contar, então, com a visão crítica ferina do primeiro, a secura sem rodeios do segundo, o sentimento do mundo do terceiro e a interpretação luminosa do quarto, a saga anônima de carregadores, descascadoras e raspadores na sua luta para preservar um modo de ser e de estar profundamente enraizado, o ganha-pão suado que sustenta o esforço de suas vidas e família. Os personagens encontram-se ameaçados pelo desemprego iminente, fruto da lógica implacável de uma modernização, não preocupada em preparar medidas viáveis de inclusão no seu processo, ou mesmo de alternativas em outros campos.

A mudança no ramerrão dos dias carrega, como não poderia deixar de ser, a dúvida e a incerteza sobre o futuro. No disse me disse dos personagens, grupos se opõem, radicalmente: os que veem na mudança um perigo versus os outros, que a entendem como a salvação possível. *A casa de farinha*, aberta e escancarada, por obra do poeta, e mesmo inacabada, talvez até por isso mesmo, parece refletir em tempo real os acontecimentos – do estabelecimento em perigo, prestes a esfarinhar-se – e o ir e vir da inspiração de quem os descreve e pesquisa, e desde o seu começo mostra soluções dramatúrgicas com muitas possibilidades de desenvolvimento como, por exemplo, a hipótese engenhosa de figurar os estados de espírito dos antagonistas por meio dos seus afazeres no trabalho cotidiano, que os molda de acordo com a prática do seu exercício; o muito bem apresentado, de maneira irônica, nessas primeiras anotações, dr. Sudene (a princípio parecendo ser um personagem de coloração beckettiana, mas o poeta assinala, com ênfase, não o querer assim), que está sempre por chegar, podendo metamorfosear-se, mais à frente, num ente duplo com o Coronel mandachuva, tipo obrigatório nessas regiões agrestes. Tanto um quanto o outro aparecem com suas identidades mescladas nas discussões dos trabalhadores, pois "há todos os matizes sobre cada um deles". Assim sendo, os prós e os contras, o mix "de seda e péssimo" de ambos podem muito bem se entrelaçar, a posteriori, numa entidade burocrática e impessoal, uma espécie de deus ex machina.

A marcação do auto, pois se trata de um auto, gênero dramático de cunho moral, místico ou satírico, com um só ato, se fará não através de cenas, mas de rounds, rubrica que configura o clima de confronto entre as partes, podendo as mesmas ser caracterizadas, como imagina o poeta, com inventividade, por meio de "um bloco, um ideograma. O conflito nasce da sucessão de opiniões, ideogramaticamente. É como se cada grupo falasse numa língua diferente da do outro". Não sem observar, pensando alto, se esse recurso seria factível em linguagem teatral, entrevendo novidade nele.

A essa altura, convém dizer que esse extenso e exigente planejamento que antecede o próprio poema não é estranho na composição poética e nos livros de João Cabral. Em mais de uma entrevista ou em conversa, ele declarou que prefere preparar de antemão o arcabouço do livro, o seu alcance, do que escrever aleatoriamente os poemas que irão lhe dar volume. Um exemplo de excelência desse método tão seu é *A educação pela pedra*, primoroso em sua organicidade impecável, prova definitiva de que o preconcebido pode ser natural desde que corresponda à necessidade íntima, urgente e verdadeira de quem a sentiu e idealizou.

Sem sombra de dúvida, esse escreviver, marca João Cabral de Melo Neto, é o que assegura a coesão, em crescendo, de sua obra: de *Pedra do sono* até *Andando Sevilha* pode se ter a impressão, fantasiosa e lúdica, de que tudo foi escrito numa tacada só, como sugiro neste "Verbete para João Cabral":

Escreveu para sempre, escreveu em série sempre
o primeiro e último poema, ao mesmo tempo.
Da folha inicial à derradeira, sem saltar página
em linguagem de protocolo, não espetacular.
Diplomática, mas em código, pessoal
e intransferível, que se passava a limpo
automaticamente, pelo gráfico impecável
da caligrafia que ocultava, embaixo do gesto
dessa ginástica – arte, verso de prumo e rigor.
Tudo num dia só, didático, sob sol, a ferro e fogo
ou em dias que não diferiam, circulares: no fundo
eram apenas um, em várias vias e versões
descortinado, sem nenhum excesso de céu.

A "Casa de farinha", aqui esboçada, ainda no emboço, melhor dizendo, é um puxado que se encaixa adequadamente no corpo da obra: pode vir a reboque, mas começa a desenvolver impulso próprio e obstinado, com a força de sempre. Além de ser o tema tratado no poema, um dos modos do fabrico da farinha, apesar de inusual em Pernambuco, é através do tipiti, cesto feito de fibras, usado para espremer e secar a massa de mandioca manualmente, o que acaba sendo uma analogia perfeita com o jeito de escrever cabralino: enxuto ao extremo. A farinha, quando aparece, é a necessária e exata para ser usufruída sem desperdício. Uma pequena amostra da qualidade do resultado provisório dessa produção pensada, pesada, calculada (e se não aumento a dose da exposição e da análise o faço intencionalmente para não estragar a surpresa e o prazer da leitura), aparece em estado datilográfico quando um verdadeiro estudo do "bom-dia" se apresenta, com todas as suas inquietudes transparecendo no tempo incerto de sua duração:

Casa de farinha
Início possível de Casa de Farinha

Os Carregadores

– Bom bom-dia, minha gente.
– Bom dia para os presentes.
– Bom dia, futuramente.
– Bom dia ainda, no ventre

As mulheres de descascar

– Bom dia tem que dizer
quem chega a todo presente.
– ~~Bom-dia é como~~ Dizer bom dia é tirar
o chapéu, cumpridamente.
– Bom-dia não antecipa
o dia que espera em frente.
– Nem bom-dia tem a ver
se é sol ou chuvadamente.

Em 11 de outubro de 1985, dezenove anos depois das primeiras anotações, João Cabral, portanto, começa a erguer a "Casa de farinha". E, como sempre, em grande estilo. Nessas duas estrofes já se pode sentir a tensão que vem implícita no dia a dia do futuro daquela casa condenada. O manuscrito segue o mesmo destino ruinoso. Como a visão do poeta, a letra começa a falhar, desanda, ainda consegue reaprumar-se, ao se passar a limpo, mas se interrompe no datiloscrito. Algumas palavras já não são discerníveis, há claros na mancha gráfica transcrita.

Inez, que já tinha passado à máquina os seus dois últimos livros, *Sevilha andando* e *Andando Sevilha*, cumpre agora o que o pai lhe havia pedido no começo dessa apresentação e socorre a ele e ao seu poema por tantos anos elaborado, oferecendo a nós, enfim, esse rascunho que se organiza por suas mãos no espaço vivo da leitura, com o fac-símile do manuscrito e sua transcrição espelhados, inspirando o que as linhas a seguir, dedicadas a ela, dizem:

Certa poesia, mesmo quando impressa
guarda o ininteligível do pensamento
ou da caligrafia original, e a compreensão
precisa ser desentranhada da "letra de médico".
O que é dito, o não dito, tem que ser decifrado
ou adivinhado, mas nem tudo se esclarece:
há mal-entendidos, interditos, palavra e sentido
incompreensíveis, lacunas, que perduram
e perguntam sem remédio, sem receita.

Uma fábrica familiar

Luís Pimentel

MEU AVÔ TINHA UMA CASA DE FARINHA. Na verdade, uma meia-água enganchada na casa, um puxadinho com o forno e os equipamentos necessários para o tratamento da mandioca. Ou seja, tinha um quarto de farinha.

A "produção industrial" do meu avô Zé Domingos era mínima. De indústria não tinha nada. Dois ou três sacos a cada jornada de feitura que eram distribuídos em "punhados" entre os filhos. O excedente, quando havia, era vendido na feira semanal do então povoado de Gavião (à época, distrito de Riachão do Jacuípe, hoje município), no sertão da Bahia. O seu minifúndio era chamado de Caititu, pois toda propriedade tinha um batismo e nem sempre se sabia em homenagem a quê (no caso dele, talvez a roça tenha sido, um dia, farta em porcos-do-mato, conhecidos como caititu).

Agora, diante do texto de João Cabral de Melo Neto, eu me pergunto: vem daí mesmo, de onde sempre ouvi falar que possivelmente viesse, ou vem de Caetetú (como grafada pelo poeta), que se refere – tanto em sua obra quanto nos dicionários – à peça principal do aparelho de ralar mandioca: um cilindro de madeira ao longo do qual se adaptam serrilhas metálicas, com uma das extremidades conformada em roldana de gorne para a passagem da correia ou corda que imprime a rotação?

Sinceramente, não sei. Como também não sei se o meu avô alimentava o sonho de tornar-se um grande produtor de farinha. Acho que não. Sempre me pareceu muito satisfeito e conformado com miudezas: uma casa pequena, a roça idem, meia dúzia de reses, um tanto de cabras, outro de ovelhas, galinhas pondo ovos e ciscando no terreiro; era o bastante. Enfiar a pá na terra e de lá retirar aquela raiz comprida, de casca grossa e suja, grosseira.

Meu olho de menino se perguntava como aquela coisa esquisita poderia virar farinha, o nosso principal alimento. Claro que não tinha respostas. Mas aqui e agora, em suas "Notas sobre uma possível casa de farinha", João Cabral de Melo Neto me ajuda:

"A mandioca é planta feia/aliás não é planta, é raiz/... que se desplanta da terra.../E que traz da própria terra onde viveu.../Toda a feiura da terra..."

Penso que a farinha que vi ser feita, que cheirei e que comi na infância, passava pelo ritual comum no processo de pequena produção nordestina: plantadas as manivas (pedaços da raiz) e colhidas as raízes de mandioca, vinha o trabalho (quase sempre feito pelas mulheres, no Caititu eram minha avó e minhas tias) de descascar, raspar, triturar ou amassar em um pilão ou até mesmo com as mãos, pôr a mandioca amassada para pubar (significa amadurecer, apodrecer, amolecer) em uma gamela (nesse meio do caminho, poderia ser retirada uma parte para se fazer o bolo de puba, ainda hoje muito apreciado) e depois torrar no forno. A água que sobrava da pubagem, entre os meus parentes, não tinha serventia apenas por desconhecimento da parte deles. Os paraenses a utilizam para transformar no tucupi, caldo no qual é cozinhado o famoso e delicioso pato.

A produção caseira e artesanal da farinha de mandioca foi responsável, sobretudo no Nordeste do Brasil, pela subsistência de milhares de famílias pobres. Em certa época, especialmente na primeira metade do século passado, toda propriedade rural incluía uma casa de farinha – em sua maioria, nos moldes da engenharia do meu avô: basicamente para a alimentação da família e possível comercialização do excedente.

Desenvolvida no Brasil pelas populações indígenas (que aproveitavam a raiz, o forno e a força para fazer também o delicioso beiju), essa arte atravessou (e alimentou) muitas gerações. O ciclo, durante tantas décadas corriqueiro, de plantar (enfiando na terra as manivas), colher, lavar, descascar, esmagar, esfarelar e torrar a raiz milenar narrou em prática, prosa e verso (por meio dos repentes dos violeiros ou de folhetos de cordéis) o retrato e a história de homens, mulheres e crianças que, depois de sentirem na pele o calor dos fornos e nos narizes o cheiro inconfundível da massa queimando e torrando, sobreviveram (após comerem muita farinha) e viveram para contar.

Entre esses sobreviventes está João Cabral de Melo Neto, um filho dessa primeira metade do século XX, que nascido em Recife conheceu as casas de farinha de Pernambuco antes de se tornar cidadão do mundo. Como aconteceu com muitos que, na infância, viveram instantes de encantamento de ver seus pais, tios ou avôs fabricando a farinha e os sonhos, o poeta sobreviveu para lembrar.

Relatório elaborado por iniciativa do Sebrae e publicado em 2006, interessado em ser para estudiosos ou para os produtores um manual de referência para as casas de farinha, identifica que a produção artesanal do produto deixara de ser apenas a manutenção de uma cultura centenária "para se transformar em um excelente negócio", capaz de atender não apenas as demandas locais do produto, mas também "proporcionar a melhoria da qualidade de vida das pessoas que se envolvem com esta atividade, criar alternativas de mercado, fortalecer o desenvolvimento socioeconômico da região e garantir o atendimento das necessidades atuais e futuras das gerações".

Por que motivo essa arte de subsistência encantou João Cabral? O que o fez enxergar nessa prática o alimento e o mecanismo apropriados para a carpintaria teatral? Em suas notas, o poeta-dramaturgo se mostra bastante preocupado com o que nomeia como as figuras do "Doutor Sudene", que em dado momento chega para "sudenizar" tudo, e do "Coronel-Dono", personagens que deverão (ou deveriam, se o auto tivesse se concluído) atrapalhar a vida daqueles que dependiam da pequena produção na casa de farinha.

Projeto, esboço ou sonho de colocar no palco um pedaço da realidade brasileira, Casa de farinha, como prato de resistência, é um legítimo JCMN. Doutor Sudene é um "sujeito fabuloso, do Recife e do Rio. Manda de longe, em todo mundo. Pode tudo. Ninguém o viu mas todo mundo acredita nele. Os pessimistas também". O dono é aquele que manda e desmanda.

Quanto às preocupações do poeta com a "sudenização" implantada em seu (e nosso) torrão nordestino, no começo da segunda metade do século passado, não é difícil de compreender. Criada no finalzinho de 1959, a Superintendência do Desenvolvimento do Nordeste, como autarquia diretamente subordinada à Presidência da República (governo Juscelino Kubitschek), e tendo como primeiro dirigente o economista Celso Furtado, trazia boas intenções. Mas, como diz o refrão, de boas intenções o inferno está cheio. Deveria levar o progresso para os estados do Maranhão, Piauí, Ceará, Rio Grande do Norte, Paraíba, Pernambuco, Alagoas, Sergipe, Bahia e norte de Minas Gerais.

Como sabemos – e melhor sabia o diplomata João Cabral —, nem sempre o progresso chega para ajudar o homem a progredir. Às vezes, também para dificultar a sua "progressão" no mundo, especialmente no tocante a formas tão peculiares de produção de bens de consumo.

Texto da professora e historiadora Lúcia Lippi Oliveira ("O governo de Juscelino Kubitschek – A criação da Sudene"), encontrado em página eletrônica do CPDOC da Fundação Getúlio Vargas, nos esclarece que a superintendência objetivava "promover e coordenar o desenvolvimento da região", diminuindo as diferenças entre o Nordeste e o Sul-Sudeste. No entanto, segundo ela, baseada em análise do sociólogo Francisco de Oliveira, o órgão e suas intenções falharam: "O número de empregos industriais criado foi insuficiente para resolver os problemas estruturais da região, os padrões de miséria foram mantidos, e as migrações não cessaram. Em termos de concentração de renda, nada mudou."

Também pretendiam, os sudenizadores, criar empregos na região, abrir frentes de trabalhos e ampliar o combate às secas, botar a meninada na escola, ampliar o desenvolvimento da região – sobretudo preparando os pequenos produtores para que pudessem enfrentar as novíssimas tecnologias, as mais avançadas relações de comércio.

Talvez tenha residido aí o encanto e o desencanto no ofício quase primitivo daqueles "farinheiros" pioneiros. Aqueles bravos nordestinos dos recursos mínimos, da confiança plena e da simplória esperança na força dos braços estavam preparados para encarar ensinamentos que os fariam, a curto prazo, esquecer o que sabiam sem saber se conseguiriam aprender técnicas novas? Os remediados donos de casas de farinha e seus empobrecidos ajudantes estavam preparados para pular da pá e do forno para as máquinas e os insumos?

Com a palavra o poeta e o seu projeto literário-dramatúrgico que ficou pelo caminho.

Nota da organizadora

Inez Cabral

UM POUCO ANTES DE PARTIR, MEU PAI ME DISSE, AO ME ENTREGAR UM FICHÁRIO ESCOLAR COM CERTOS MANUSCRITOS DENTRO:

– Minha filha, a cegueira não me deixou terminar, faça o que quiser com isto.

Ao folhear os papéis encontrei, senão uma obra completa, o trabalho de estudo e pesquisa para realizar um auto, "A casa de farinha", do qual já falava havia alguns anos.

O auto não está pronto; termina nos primeiros esboços dos diálogos iniciais. Mas, ao ler o texto, me deparei com o seu jeito de ser e trabalhar, e com o caminho percorrido desde a ideia inicial até o trabalho concluído.

João Cabral tinha fé absoluta na importância vital do trabalho para conseguir escrever o que a inspiração lhe ditava, o que confere a estes rascunhos, fichas e pesquisas a importância de vermos funcionar a criatividade do poeta e os meandros por ele percorridos para chegar à obra pronta.

A cegueira o impossibilitou de terminá-la. Estes manuscritos nos permitem conhecer um pouco mais de sua personalidade e dos métodos usados para realizar seu trabalho.

Ao transcrevê-la, pude sentir sua visão se esvaindo, à medida que sua letra se deteriorava. Quanto à transcrição, procurei manter total fidelidade ao texto, ordenando-o cronologicamente, na medida do possível. A transcrição visa apenas à compreensão da letra manuscrita do poeta. A ortografia e a gramática foram atualizadas e, em casos pontuais, retificadas. Em alguns trechos uma linha horizontal marca um vazio no verso. Palavra a ser melhor pensada por ele, deixada portanto com a mesma marcação do original. Algumas poucas palavras ilegíveis foram marcadas com reticências na transcrição. Leituras futuras poderão elucidar seus significados, ou mesmo corrigir uma eventual palavra que tenha sido transcrita incorretamente.

Espero proporcionar aos leitores, com este trabalho, o interesse e o prazer que senti ao realizá-lo.

Notas sobre
A casa de farinha

Notas sobre uma possível ***A casa de farinha***

— E a mandioca é planta f
aliás não é planta, é r
— Uma raiz que se despla
da Terra, como ______
— É que que traz da própri
onde viveu ______
— toda a feiura da Terra,
~~sua~~ sua rudeza ______

— É em mandioca que temo
de descascar com a quicé
— uma coisa da cor da Terra
da cor do sujo, do que é
— temos de fazer a coisa b
~~despi-la~~
descascá-la ao branco, at
— descascá-la até a coxa bra
despi-la do pano que ______

— E aqui estamos, as raspadei
despindo o mundo do feio
— o mundo tem mãos de terra
calos na vida e nos dedos.
— o que nos cabe é ~~fingir~~ faz
como que o sujo que nos vei
— possa ser a carne branca
que exige ______
(todo o processo

Notas sobre
a
Casa de farinha

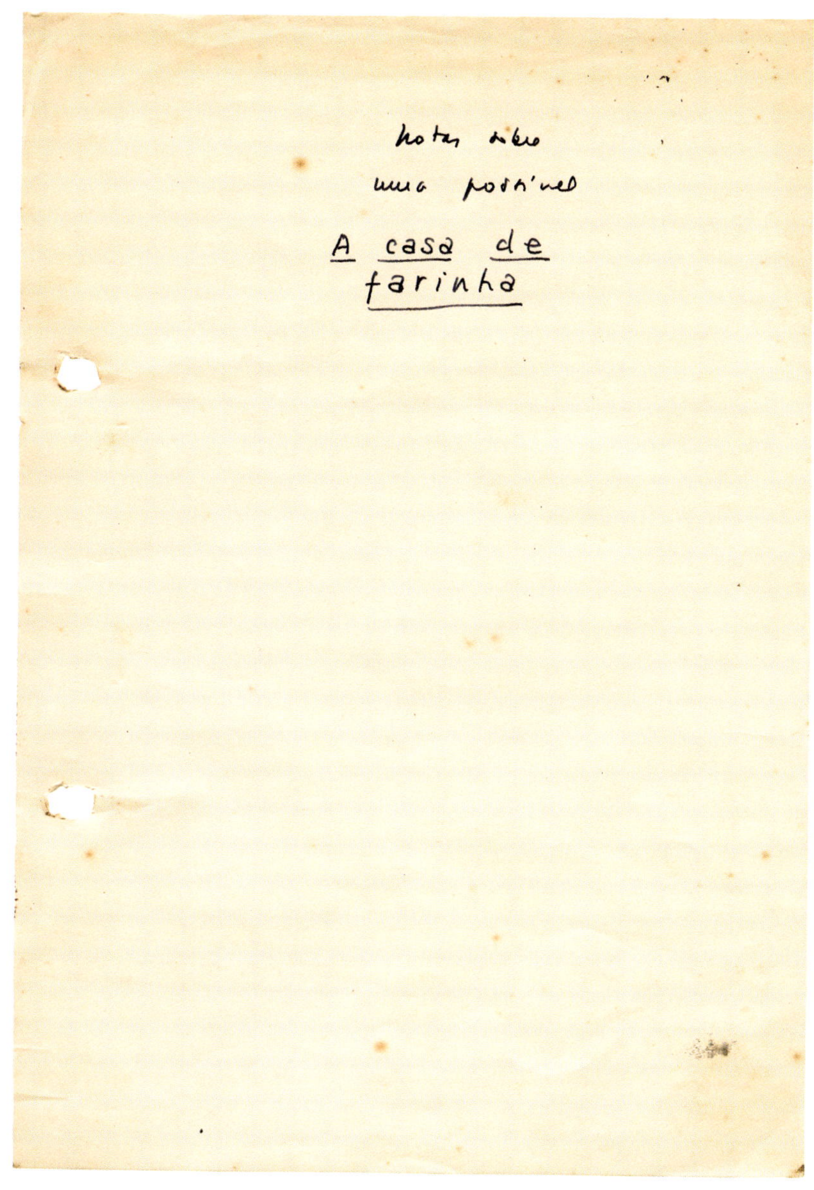

notas sobre
uma possível
A casa de
farinha

(plot)

16.9.66

O pessoal da casa de farinha está excitado e surpreso porque receberam notificação do dono de que era a última vez que podiam trabalhar naquela instalação (sem dar os motivos). Os motivos dão lugar a várias hipóteses. O auto se desenrola nessa expectativa, com os personagens (ou grupos de personagens) representando uma atitude psicológica condizente com o trabalho que cada um executa. A dramaticidade vem: da expectativa (acentuada pelas chegadas dos carregadores e dos que vão chegando); do choque entre a psicologia das raspadoras e raladores, isto é, dos 2 grupos de personagens (expressados nas discussões a respeito dos motivos do fechamento da c. de f., e que construirão os climaxes; e também da figura do Doutor Sudene, que deve estar ligada às suposições sobre o fechamento, tanto quanto a figura do Coronel-dono. Essas discussões vão crescendo: a última é a mais tensa).

(Quanto ao desfecho: virá no final, deve ser inesperado, não ter nada com o que conversavam, etc., etc. Esse desfecho não precisa ser estabelecido agora. Pensar lentamente nele, porque ele não mudará o que irá, antes dele, no decorrer do auto. Esse desfecho será apenas o que os carregadores, no final, anunciarão, objetivamente, sem comentar; eles aparecerão no momento crítico da discussão quebrador X forneiro: como a Maria, no auto de natal). (Ver, no fim, umas notas sobre possíveis desfechos.)

16.9.66 (plot)

O pessoal da casa de farinha está excitado e surpreso porque receberam notificação do dono de que era a última vez que podiam trabalhar naquela instalação (sem dar os motivos). Os motivos dão lugar a várias hipóteses. O auto se desenvolve nessa expectativa, com os personagens (ou grupos de personagens) representando uma atitude psicológica condizente com o trabalho que cada um executa. A narratividade vem: da expectativa (acentuada pelas chegadas dos carregadores e dos que vão chegando); do choque entre a psicologia (dos raspadores e raladores, isto é, 2 grupos de) dos personagens (expressados nas discussões a respeito dos motivos do fechamento da c. de f., e que construirão os climaxes; e também da figura do Doutor Sudene, que deve estar ligada às suposições sobre o fechamento, tanto quanto a figura do Coronel-Dono). Essas discussões vão crescendo: a última é a mais tensa).

(Quanto ao desfecho: virá no final, deve ser inesperado, não ter nada com o que conversaram, etc, etc. Esse desfecho não precisa ser estabelecido agora. Pensar lentamente nele, porque êle não mudará o que irá, antes dêle, no decorrer do auto. Êsse desfecho será apenas o que os carregadores, no final, anunciarão, objetivamente, sem comentar; eles aparecerão no momento crítico da discussão quebrador x forneiro: como A. Maria, no auto de natal). (Ver no fim, minhas notas sobre possíveis desfechos.

– rever isso: como é o último dia (e mutirão) todo o mundo chega mais cedo e fica mais tempo na c. de farinha.

antes de 6 horas: – carregadores começam
6 horas: 4 raspadoras começam
8 horas: 2 raspadoras continuam
2 raladoras (cevadoras) começam
8.30 : 1 prensador começa
9.30 : __ quebrador – peneirador começa
10 horas : 2 raspadoras acabam
1 forneiro começa

17.9

preciso rever este quadro

carregadores
raspadoras
raladoras
prensador
{ quebrador
~~peneiradoras~~ }
forneiro

não falam

— ver isso: como é o último dia (e mutirão)
todo o mundo chega mais cedo e
~~[riscado]~~ e fica mais tempo na c. de farinha.

antes de 6 horas: — carregadores começam

6 horas: 4 raspadoras começam
~~[riscado]~~

8 horas: 2 raspadoras continuam
2 raladoras (cevadoras) começam

8.30 : 1 prensador começa

9.30 : — quebrador – peneirador começa

10 horas : 2 raspadoras acabam
~~[riscado]~~
1 forneiro começa

17.9

precisa ver este quadro ↓

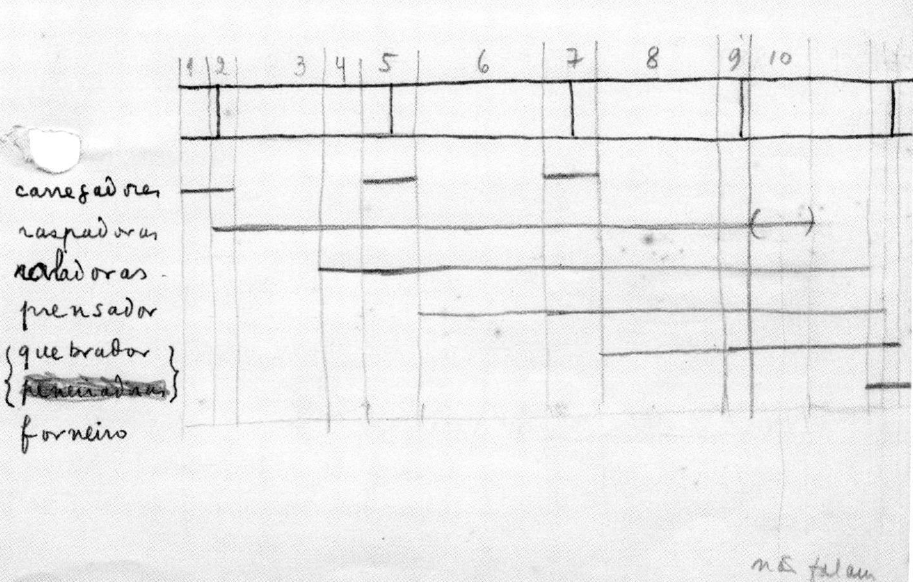

– Uma possibilidade

① 11.9.966

— possibilidade:

— [illegible]

(virar)

– É preciso escolher:

Se minha intenção é gozar a gota d'água sudenesca, o novo caitetú (o soi-disant progresso do nordeste, que está virando lugar-comum) novas é melhor do que a solução final de derrubar o telheiro para fazer uma fábrica de banana sintética.

– Se o negócio é mostrar o irrealismo da coisa toda, então a derrubada é melhor.

– Ver o que é que eu acho mesmo. A primeira solução, hoje, 14.9.66, me parece melhor e mais honesta, porque mesmo que façam indústrias que não aproveitarão imediatamente aquela gente, à la longue, a industrialização aproveitará.

Trata do desfecho.

– Enfim: isso depois verei; é o que fazer no fim e não mudará o que deve ir antes. Também a solução do novo caitetú pode ser feita no fim, discretamente, por 2 sujeitos silenciosos que entram e mudam o troço, na frente do forneiro calado (e irônico?). As quicés não funcionam porque pôr novas quicés não se interromperia o trabalho. Mudar o forno? Talvez seja melhor. Melhorar o telheiro? Talvez. Ou então introduzir o rolo de descascar: porque precisa instalação (e, portanto, justificaria a interrupção dos trabalhos) e porque, aperfeiçoando ridiculamente pouco, tira o trabalho precisamente das otimistas (o inconveniente é que pode não parecer tão pouco assim, e a demagogia do desemprego).

– Uma hipótese: quando os carregadores, no fim, comunicam a verdade, confirmam a existência do Doutor Sudene, mas o que vem dele será pouco: quicés, descascador, caitetú novo, etc.

o novo caixeteiro ②

— É preciso escolher:
se minha intenção é gozar a gente da fauna sudanesa, [riscado] novas é melhor do que a solução final de derrubar o telheiro para fazer uma fábrica de banana sintética.

— Se o necessário é mostrar o irrealismo da coisa toda, então a derrubada é melhor.

— Ver o que é que eu acho mesmo. A primeira solução, hoje 14.9.66, me parece melhor e mais [riscado] honesta, porque mesmo que façam indústrias que se aproveitam imediatamente aquela gente, à la longue, a industrialização aproveitará.

— Enfim: isso depois verei; é o que fazer no fim e se mudará o que deve ir antes. Também a solução do novo [riscado] caixeteiro pode ser feita no fim, discretamente, por 2 sujeitos silenciosos que entram e mudam o troço, na frente do primeiro calado (e irônico?). Os pricés se funcionam porque por novos pricés se [riscado] interromperia o trabalho. Mudar o forno? Talvez seja melhor. Melhorar o telheiro? Talvez. Ou então introduzir o rolo de descascar: porque precisa instalação (e portanto justificaria a interrupção dos trabalhos) e porque, [riscado] aperfeiçoando ridiculamente pouco, tira o trabalho precisamente dos otimistas (o inconveniente é que pode se parecer tão [illegible] a demagogia do desmonte)

Tratar do despejo

o soi-disant progresso da verdade, que [illegible] virando um [illegible]

Uma hipótese: primeiro a caixa [illegible], no fim, aparecerá a verdade, confirmando a existência do bonito, sucede, mas o que vem dele são novos: pricés, descascadores, caixeteiro novo, etc.

(plot)

17.9.966

– O conflito dramático da peça é o choque otimismo X pessimismo.

– Nos 2/3 do auto (com 2 climaxes de brigas) as raspadoras encarnam o otimismo e as raladoras o pessimismo. Elas são muitas e usarei a técnica de muitas pessoas falando, como 2 parlamentos; mas fazendo com que se choquem: não deixar os 2 grupos se falando, paralelamente, sem se chocarem.

– No 2º clímax, já com o prensador presente, este fará o point, a síntese (ou tentará).

Ver dúvida

– No 1/3 final do auto (com 1 clímax, o final) o choque é entre o quebrador e o forneiro, isto é, entre 2 pessoas; o quebrador é um otimista (saído da síntese do prensador) e o forneiro um pessimista (saído também da síntese do prensador).

– O clímax de cada discussão deve ser atingido antes da entrada dos carregadores dando novas notícias. Esses anúncios contradizem quem está na ofensiva da discussão e mudam de 180 graus a situação (na discussão final, os 2 estão empates ao chegarem os carregadores).

(rounds, não cenas)

1º: as raspadoras perdendo, as raladoras ganhando (o prensador ainda ausente).

– os carregadores dão notícia boa.

2º: as raspadoras ganhando, as raladoras perdendo (o prensador fazendo o point, laconicamente, ambiguamente, neutro.)

– os carregadores dão notícia má; o prensador, então, faz o point claramente, faz a síntese.

3º: o quebrador busca otimismo na síntese do prensador;

o forneiro, pessimismo; discutem

– os carregadores dizem o que realmente acontece.

(Ver a dúvida que surgiu sobre esta estrutura dialética.)

17.9.966 (plot)

– o conflito dramático da peça é o choque otimismo x pessimismo.

– nos 2/3 do auto (com 2 climaxes de brigas) as raspadoras encarnam o otimismo e as raladoras o pessimismo. Elas são muitas e marcam a técnica de muitas pessoas falando, como 2 parlamentos; mas fazendo com que se choquem: é deixar os 2 grupos se falando, paralelamente, sem se chocarem.

– No 2º clímax, já com o pensador presente, este fará o point, a síntese (ou tentará).

– No 1/3 final do auto (com 1 clímax, o final) o choque é entre o quebrador e o forneiro, isto é, entre 2 pessoas; o quebrador é um otimista (saído da síntese do pensador) e o forneiro um pessimista (saído também da síntese do pensador).

ver final

– o clímax de cada discussão deve ser atingido antes da entrada dos carregadores dando novas notícias. Esses anúncios contradizem quem está na ofensiva da discussão e mudam de 180 graus a situação (na discussão final, os 2 estão empatados ao chegarem os carregadores)

(rounds, não cenas)

1º: as raspadoras perdendo, as raladoras ganhando (o pensador ainda ausente).
– os carregadores dão notícia boa.

2º: as raspadoras ganhando, as raladoras perdendo (o pensador fazendo o point, laconicamente, ambiguamente, neutro).
– os carregadores dão notícia má; o pensador, então, faz o point claramente, faz a síntese.

3º: o quebrador busca otimismo na síntese do pensador; o forneiro, pessimismo; discutem
– os carregadores dizem o que realmente aconteceu

(ver a dúvida que surgiu sobre esta estrutura dialética.

A dúvida que tenho só se colocará, realmente, no terço final do auto.

17.9.966 DÚVIDA

DÚVIDA QUE SURGIU

– Dúvida: a síntese é já uma nova tese ou a síntese é uma nova fase, independente, dentro da qual nascerá, como outro termo, a nova tese?
– Suprime a resposta, isso daria duas estruturas:

A	B
Raspadeiras – tese	Raspadeiras – tese
Raladeiras – antítese	Raladeiras – antítese
Prensador – síntese	{ Prensador – síntese
Quebrador – tese	{ Prensador – tese
Forneiro – antítese	Quebrador – antítese
Fato real – síntese	Forneiro – síntese (a ser feita depois da entrada dos carregadores dizendo o fato real)

– A tem a vantagem de não fazer o prensador defender duas teorias diferentes, embora ligadas, o que seria difícil no palco.
– B tem a vantagem de deixar o forneiro livre para um monólogo final, sozinho, o que corresponde ao tipo do forneiro, cantor, despreocupado etc.
– Creio que o problema não se coloca: o prensador não defenderia duas teorias: a síntese que ele fizer é sua teoria: a discordância otimista do quebrador é que será a antítese. Assim fica:

Otimismo – raspadoras – tese
Pessimismo – raladoras – antítese
Realismo – prensador – síntese – tese
Otimismo – quebrador – antítese
Realismo – forneiro – síntese

Assim, tese uma vez é o otimismo outra é realismo; antítese uma vez é pessimismo outra é otimismo, o que é muito melhor.

17. 9. 966 — DÚVIDA

DÚVIDA QUE SURGIU.

– Dúvida: a síntese é já a nova tese ou a síntese é ~~[riscado]~~ uma nova fase, independente, dentro da qual nascerá, como outro termo, a nova tese?

– Suponhamos a resposta, isso daria duas estruturas:

A	B
raspadeira – tese	raspadeira – tese
raladeiras – antítese	raladeira – antítese
pensador – síntese	{ pensador – síntese
quebrador – tese	{ pensador – tese
forneiro – antítese	quebrador – antítese
fato real – síntese	forneiro – síntese (a ser feita depois da entrada dos carregadores dizendo o fato real).

– A tem a vantagem de não fazer o pensador defender duas teorias diferentes, embora ligadas, o que seria difícil no palco.

– B tem a vantagem de deixar o forneiro livre para um monólogo final, sozinho, o que corresponde ao tipo do forneiro, cantor, despreocupado, etc.

– Acho que o problema não se coloca: o pensador não defenderia duas ~~teses~~ teorias: a síntese que ele faz é sua teoria: a discordância otimista do quebrador é que será a antítese. Assim fica:

otimismo – raspadeiras – tese
pessimismo – raladeiras – antítese
realismo – pensador – síntese-tese
~~[riscado]~~
otimismo – quebrador – antítese
realismo – forneiro – síntese.

(o que é muito melhor.)

assim, tese uma vez é otimismo outra é realismo; antítese uma vez é pessimismo outra é otimismo;

a dúvida que resulta só se colocará, realmente, no texto final do auto.

Para o cenário

Primeiras conversas.

– começa com as raspadoras (4) sozinhas, se preparando: amolando as quicés, o chão onde sentar (não estão escolhendo cadeira; aqui tudo é chão; mas há chão e chão, etc.) etc.

– entram os carregadores: as raspadeiras reclamam a hora: dizem que têm de acabar tudo naquele dia, etc.; os carregadores dizem que se atrasaram porque estão trabalhando de mutirão e tiveram que ir buscar a mandioca que ficara mais longe (o mais longe para o começo, etc.); dizem que os balaios estarão mais pesados, que talvez todo mundo vá ter que carregar; que talvez fique mandioca sem entrar, etc.

– saem os carregadores; as raspadoras sozinhas

Ao começar o cenário

1 - cada cena numa folha
2 - botar quem está
3 - botar quem entra ou sai (entrada ou saída mudam a cena: passa a ser outra)
4 - os temas da conversa, etc.
5 - esboçar a situação dramática.

Para o cenário
primeiros ensaios.

- começa com as raspadoras (4) sozinhas, se preparando: amolando as facas, o chão onde sentar (não estão escolhendo cadeira; aqui tudo é chão; mas há chão e chão, etc) etc.

- entram os carregadores: as raspadoras reclamam a hora: dizem que têm de acabar tudo naquele dia, etc.; os carregadores dizem que se atrasaram porque estão trabalhando de mutirão e tiveram que ir buscar a mandioca que ficara mais longe (o mais longe para o começo, etc); dizem que os balaios estão mais pesados, que talvez seja muito vá ter que carregar; que talvez fique mandioca sem entrar, etc.

- saem os carregadores; as raspadoras sozinhas

Ao começar o cenário

1- cada cena numa folha.
2- botar quem está
3- botar quem entra ou sai (entrada ou saída mudam a cena: passa ser outra)
4- os temas da conversa, etc.
5- esboçar a situação dramática.

Cenário (Ajustar ao que está: ao ajustar, escrever cada cena numa folha diferente.)

1. carregadores entram e trocam notícias entre si.

2. raspadoras entram e pedem notícias: carregadores saem.

3. raspadoras entre si começam a imaginar coisas fabulosas (reforma da c. de farinha) (mostrar o pouco que podem imaginar).

4. raladoras entram e discutem com as raspadoras, dizem que não é reforma: é que o dono quer vender a c. de f.

5. carregadores entram e dizem para raspadoras e raladoras que não é reforma: o dono vendeu mesmo mas vão botar ali uma fábrica. Carregadores saem.

6. entra o prensador: ele, raspadoras e raladoras discutem: as raspadoras estão de cima porque seu otimismo parece ter tido confirmação (fábrica nova é mais do que reforma). (O prensador entre outras ponderações esclarece que fábrica não significa trabalho para todo o mundo, só para quem entende: que vão trazer gente de fora, etc.).

7. carregadores entram e dão como certo (ouviram de alguém ligado ao dono) que ele vai fechar a casa de farinha porque não rende. Saem os carregadores.

8. entra o quebrador: ele, o prensador, as raspadoras e as raladoras (e todo o mundo au complet) discutem a notícia: agora o tema da discussão é mais o Doutor Sudene (antes eram contas ou o dono; agora é o Doutor, que já tinha aparecido.

Cenário (apontar ao que notá:

ao apontar, escrever cada cena numa folha diferente.

~~1. carregadores (entram e) trocam notícias entre si.~~

~~2. raspadoras entram e pedem notícias; carregadores saem~~

3. raspadoras entre si começam a imaginar coisas fabulosas (reformas da c. de farinha) (mostrar o pouco que podem imaginar).

4. raladoras entram e (discutem) com as raspadoras, dizem que não é reforma: é que o dono quer vender a c. de f. (para raspadoras e raladoras)

5. carregadores entram e dizem que não é reforma: o dono vendeu mesmo mas vão botar ali uma fábrica. carregadores saem.

6. entra o pensador: ele, raspadoras e raladoras (discutem): as raspadoras estão de cima porque seu otimismo parece ter tido confirmação (fábrica nova é mais do que reforma). (O pensador entre outras ponderações esclarece que fábrica não significa trabalho para todo o mundo, só para quem entende; que vai trazer gente de fora, etc)

7. carregadores entram e dão como certo (ouviram de alguém ligado ao dono) que ele vai fechar a casa de farinha porque não vende. Saem os carregadores

8. entra o quebrador; ele, o pensador, as raspadoras e as raladoras (e todo o mundo ao completo) (discutem) a notícia; agora o tema da discussão é mais ~~[illegible]~~ o doutor Sudene (antes eram coisas ou o dono; agora é o doutor, que já tinha aparecido

2

como sujeito fabulosamente rico e agora, no argumento das raspadoras, é fabulosamente poderoso (não vai deixar fechar a c. de f.); o quebrador, que entrou, não fala.

9. carregadores entram e dizem que ouviram do dono que não vai fechar a c. de f. Vai alugá-la a pessoas de outro município porque ela não rende e ele quer cobrar mais.

10. continuam todos (mas as raspadeiras estão caladas). Então é o momento das raladoras, cujo delírio pessimista é interrompido pelo prensador (pontos nos ii) e quebrador, buscando ver algum motivo para otimismo.

2

como sujeito fabulosamente rico e agora,
no argumento dos raspadeiras é fabulosa-
mente poderoso (não vai deixar fechar a c. de f.)
o quebrador, que então, não fala.

9. Carregadores entram e dizem que ouviram do
dono que não vai fechar a c. de f. Vai alugá-
la a pessoas de outros municípios porque ela
não rende e ele quer cobrar mais.

10. Continuam todos (mas as raspadeiras estão ca-
ladas). Então é o momento das raladoras
~~esta~~ cujo delírio pessimista é interrompido
pelo prensador (pontos nos ii) e quebrador,
buscando ver algum motivo para otimismo

17.9.966

1 – as raspadoras	
2 – as raspadoras os carregadores	) anúncio pessimista?
3 – as raspadoras sós	
4 – as raspadoras os raladores	] 1º clímax
5 – as raspadoras os raladores os carregadores	) anúncio otimista
6 – as raspadoras os raladores o prensador	] 2º clímax
7 – os carregadores as raspadoras os raladores o prensador	) anúncio pessimista (quiproquó que dá lugar a otimismo?)
8 – as raspadoras os raladores o prensador o quebrador	
9 – as raspadoras os raladores o prensador o quebrador o forneiro	] 3º clímax
10 – as raspadoras os raladores o prensador o quebrador o forneiro os carregadores	) anúncio do fato real (que esclarece o quiproquó)
11 – o forneiro	

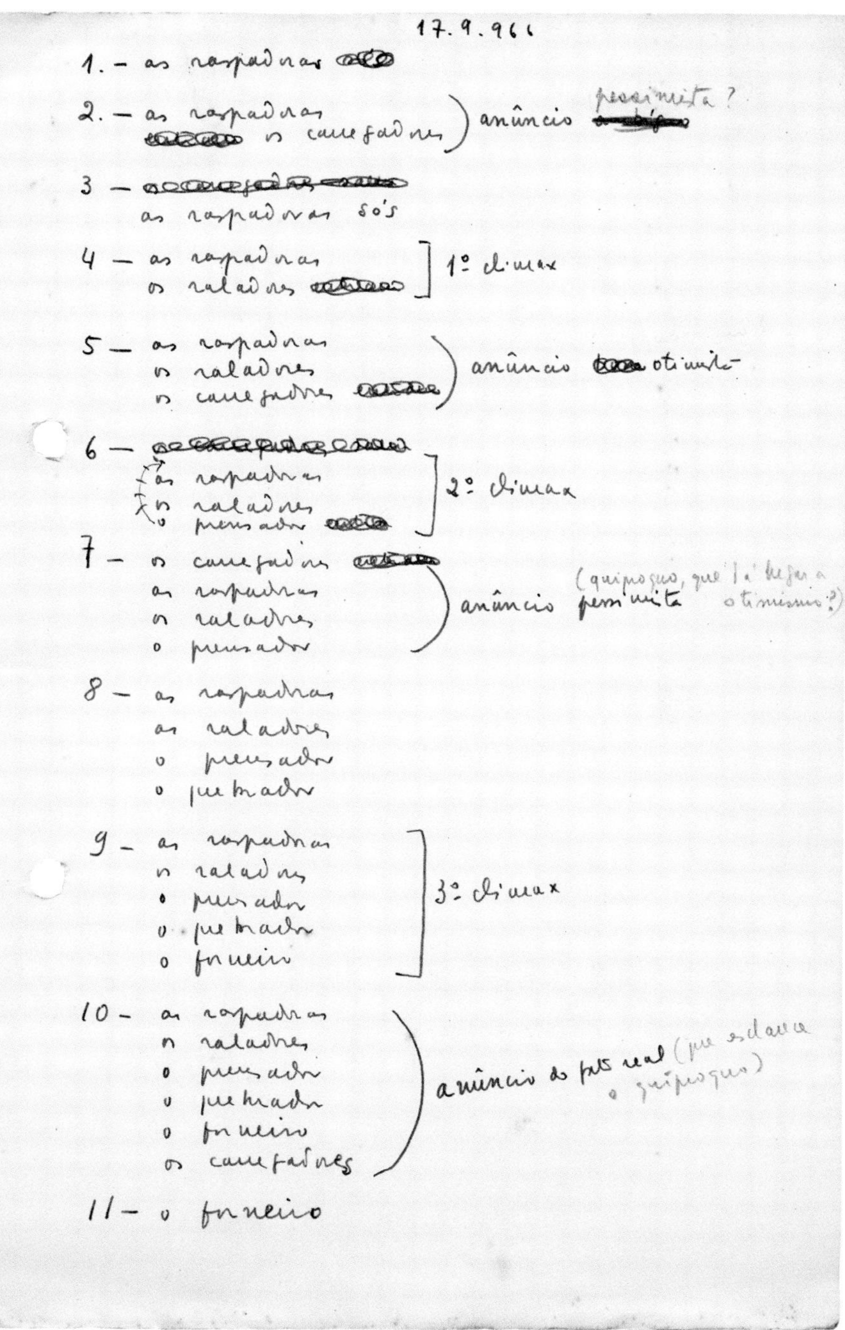

17.9.966

1. – as raspadoras

2. – as raspadoras
os carregadores) anúncio pessimista?

3 – as raspadoras só's

4 – as raspadoras
os raladores] 1º clímax

5 – as raspadoras
os raladores
os carregadores) anúncio otimista

6 – as raspadoras
os raladores
o prensador] 2º clímax

7 – os carregadores
as raspadoras
os raladores
o prensador) anúncio pessimista (quiproquo, que já chega a otimismo?)

8 – as raspadoras
os raladores
o prensador
o peneirador

9 – as raspadoras
os raladores
o prensador
o peneirador
o forneiro] 3º clímax

10 – as raspadoras
os raladores
o prensador
o peneirador
o forneiro
os carregadores) anúncio do fato real (que esclarece o quiproquo)

11 – o forneiro

17.9.66

Psicologia-ideologia dos personagens

– Ligada ao tipo de trabalho que executam.

– carregadores:	neutros, apenas noticiosos.
– raspadoras: (tese)	otimismo infantil, beato (raspam, descascam, limpam a mandioca e a realidade).
– raladores: (antítese)	pessimismo radical, infantil (ralam, destroem a mandioca numa massa informe). (Botar duas raladoras e dois homens na roda. A igualdade de trabalho fazem-nos pensar igual.)
– prensador: (síntese) (ver dúvida)	procura a média nos exageros dos dois grupos (espremem a massa, para reduzi-la, tirar a manipueira venenosa, chegar à verdade).
– quebrador: (tese) (ver dúvida)	tenta salvar, embelezar, melhorar, ampliar a massa dura e reduzida que o prensador deixa (ele desmancha, areja, à mão ou com um pau, ou com peneira jogando para cima os bolões da mandioca prensada).
– forneiro: (antítese) (ver dúvida)	tenta destruir esse outro otimismo não infantil (ele no forno desidrata a mandioca, destrói sua água pelo calor); personagem positivo.
– (síntese final):	a notícia do que realmente aconteceu, trazida p. ex., pelos carregadores, no fim de tudo (quando já não vêm com mandioca por algum motivo). E que, como arautos, anunciam, não discutem.
– importante:	os choques serão entre raspadoras e raladores: eles farão dois climaxes tese-antítese (um antes da chegada do prensador outro depois). O choque quebrador forneiro é o final: intenso, mas curto, como o diálogo Carpina x Severino.

17.9.66

Psicologia-ideologia dos personagens.

— ligada aos tipos de trabalho que executam.

— carregadores: neutros, apenas noticiosos.

— raspadoras (tese): otimismo infantil, beato (raspam, descascam, limpam a mandioca e a realidade).

— raladores (antítese): pessimismo radical, infantil (ralam, destroem a mandioca numa massa informe). (botar duas raladoras e 2 homens na roda. a igualdade de trabalho fazendo pensar igual).

— prensador (síntese) (ver dúvida): procura a ~~[riscado]~~ média nos exageros dos dois grupos (espremem a massa, para reduzí-la, tirar a manipueira venenosa, chegar a verdade).

— quebrador (tese) (ver dúvida): tenta salvar, embelezar, melhorar, ampliar, a massa dura e reduzida que o prensador deixa (ele desmancha, areja, a mão ou com um pau, ou com peneira jogando para cima, os bolões da mandioca prensada).

— forneiro (antítese) (ver dúvida): tenta destruir ~~[riscado]~~ esse outro otimismo mais infantil (êle no forno desidrata a mandioca (destrói sua água), pelo calor); personagem positivo.

— (síntese final): a notícia do que realmente aconteceu, trazida, p. ex., pelos carregadores, no fim de tudo (quando já os vêem com mandioca por ~~[riscado]~~ algum motivo). E que, como antes, anunciam, os discutem.

— importante: os choques ~~[riscado]~~ serão entre raspadoras e raladoras: eles farão dois clímaxes tese-antítese (um antes da chegada do prensador outro depois). O choque quebrador forneiro é o final: intenso mas curto, com o diálogo caipira x sereno.

19.9.966

– Para variar o Auto da c. de f. e fazê-lo mais ligado à minha obra:

– no princípio, ao entrarem as raladoras, raspadoras e raladoras discutem. Essa discussão atinge o primeiro clímax.

– a segunda cena, em vez de discussão deles, como a primeira, poderia ser um caso tipo 2 parlamentos. Os dois grupos não estão em "speaking terms" e por isso falam entre si com indiretas, um para o outro. Essa situação poderia se resolver assim: quando os carregadores chegam para dizer a coisa ruim, os raladores dão a maior gargalhada ou vaia nas raspadoras otimistas.

– Esse desfecho teria a vantagem de fazer um clímax diferente do primeiro. O primeiro – a discussão – é atingido enquanto discussão e os carregadores chegam depois; enquanto que esse segundo será declanchado pela chegada dos carregadores.

– Esse coro podia ter a forma de cantos de trabalho. Ver se existem. Se não existem para a farinhada, inventá-los.

– Por exemplo: "raspemos, marias, raspemos",

"raspa, raspadora, raspa,
raspa com essa faca limpa,
a mandioca tão suja:
revela sua carne menina... etc."

19.9.966

– Para variar o auto de C. de f. e fazê-lo mais ligado à minha obra:

– no princípio, ao entrarem os raladores, raspadoras e raladeiras discutem. Essa discussão atinge o primeiro clímax.

– a segunda cena, em vez de discussão deles, como a primeira, poderia ser um coro tipo 2 parlamentos. Os dois grupos não estão em "speaking terms" e por isso falam entre si com indiretas, um para o outro. Essa situação poderia se resolver assim: quando os carregadores chegam para dizer a coisa ruim, os raladores dão a maior ~~gargalhada, ou vaia nas raspadoras atônitas~~.

– Esse desfecho terá a vantagem de fazer um clímax diferente do primeiro. O primeiro – a discussão – é atingido enquanto discutem e os carregadores chegam depois; enquanto que esse segundo será desencadeado pela chegada dos carregadores.

– Esse coro podia ter a forma de cantos de trabalho. Ver se existem. Se não existem para a farinhada, inventá-los.

– Por exemplo: "raspemos, manas, raspemos",

"raspa, raspadeira, raspa,
raspa com essa faca limpa,
a mandioca [illegible];
revela sua carne menina ... etc

– lembrar isso –> serra, serra, serrador / serra madeira de pau de flor / eu com a serra, você com a lima / serrando madeira para nossa madrinha.

"rala, raladora, rala"

etc.

– nessa alternância – em que eu poderia alternar momentos de um ou outro grupo de variado tamanho – cada grupo expressará sua visão de realidade em função de seu trabalho. Não esquecer que, nesta cena, as raspadoras-otimistas estão por cima. Talvez por isso, porque os pessimistas estão na defensiva, fazê-los falar menos (mas ver como conciliar esse laconismo do derrotado-não-convertido com o laconismo sintético e conceitual-oracular sintetista do prensador).

– aliás, sobre o prensador me ocorre: fazê-lo falar por provérbios. Cada provérbio dele resume, sintetiza, julga o que dizem – como canto de trabalho, tanto as raspadoras quanto as raladoras. Fazer o raspador um tipo cordobês-senequista, conceitual.

– Aliás, na discussão posterior entre ele e o quebrador fazê-lo guardar esse papel lacônico. O quebrador fala muito, discute, etc., como todo otimista. E o prensador diz apenas frases. Com isso, introduzindo inclusive sua ironia, construir um clímax de discussão que chegue a puxarem punhais.

"sala, saladoras, sala
etc.

nessa alternância — em que eu poderia alternar ~~tempos~~ momentos de um ou outro grupo de variado ~~[illegible]~~ tamanho — cada grupo expressará sua visão da realidade em função de seu trabalho. Não esquecer que, nesta cena, os raspadores-otimistas estão por cima. Talvez, por isso, porque os pessimistas estão na defensiva, ~~[illegible]~~ fazê-los falar menos (~~[illegible]~~ mas ver como conciliar êsse laconismo do derrotado-não-convertido com o laconismo sintético e conceitual-oracular sentetista do pensador).

— Lembrar em → Serra, serra, serrador / serra madeira de pau de flor / Eu com a serra, você com a lima / Serrando madeira p. nossa madrinha.

— aliás sobre o pensador me ocorre: fazê-lo falar por provérbios. Cada provérbio dele resume, sintetiza, julga o que dizem — como canto de trabalho, tanto as raspadoras quanto as saladoras. Fazer o raspador um tipo cordobés-~~sen~~quieto, conceitual.

— Aliás, na discussão posterior entre ele e o quebrador fazê-lo guardar esse papel lacônico. O quebrador fala muito, discute, etc, como todo otimista. E o pensador diz apenas frases. Com isso, ~~[illegible]~~ introduzindo inclusive sua ironia, construir um climax de discussões que chegue a puxarem punhais.

Subtemas do auto

– a tecer na trama da conversa: esta estará marcada essencialmente pelo que vai acontecer (inclusive os otimismos e pessimismos devem dizer respeito a esse acontecimento imediato, partir dessa expectativa).

– o Doutor Sudene: fabuloso de meios para fazer as coisas, ajudá-los, etc. – Fabuloso de poder para impedir os abusos do coronel. Os otimistas creem nele; os pessimistas reconhecem sua existência mas dizem que é igual a todos.
– o coronel: deste ninguém gosta, nem otimistas nem pessimistas.

– esse subtema aparece e desaparece, subjacente à conversa, tecido na trama da conversa de todos.* (ver continuação na pág. seguinte).

– a literatura que é o progresso do Nordeste, que já é um lugar-comum hoje (inclusive já pensam em desenvolver a Amazônia: botar um cara dizendo que vai para o Amazonas, que lá é que vai ser; uma espécie de nova espécie da borracha. Mostrar isso com exemplos na conversa, sem proclamar (o caso da borracha sintética; dizer que ele trabalhava naquele engenho e que todo o mundo que está na fábrica é de fora, do sul). – Mas isso não significa que eu deva pregar o fim da coisa: é uma gota de água; mas o importante é ter uma consciência exata dessa gota de água, consciência nem otimista nem pessimista, para daí partir para duas gotas d'água.

– um possível: a mentira para ajudar a viver. As raladoras dão a entender isso; os outros pensam que elas são cretinas. A situação fica interessante quando a notícia dos carregadores dá razão a elas. Excitadas por essa notícia boa, elas, então, começam a exagerar os infúndios ("fademos, marias, fademos")

Sub-temas do auto

— a tecer na trama da conversa: esta estará marcada essencialmente pelo que vai acontecer (inclusive os otimismos e pessimismos devem dizer respeito a esse acontecimento imediato, partir dessa expectativa).

— o Doutor Sudene: fabuloso de ~~[illegible]~~ meios para pagar as coisas, ajudá-los, etc. — Fabuloso de poder para impedir o abuso do coronel. Os otimistas creem nele; os pessimistas reconhecem sua existência mas dizem que é ignorada

— o coronel: deste ninguém gosta: todos, nem otimistas nem pessimistas.

— esse sub-tema aparece e desaparece, subjacente à conversa, tecido na trama da conversa de todos. ⊕
(ver continuação na pag. seguinte)

— a literatura que é o progresso do Nordeste, que já é um lugar comum hoje (inclusive já pensam em desenvolver a Amazonia: botar um cara dizendo que vai para o Amazonas que lá é que vai ser; uma espécie de nova espécie da borracha. Mostrar isso com exemplos na conversa, sem proclamar (o caso da borracha sintética; diga que ele trabalhava naquele engenho e que todo o mundo que está na pobreza é de fora, do sul). — Mas isso não significa que eu deva negar o fim da coisa: é uma gota de água; mas o importante é ter uma consciência exata dessa gota de água, consciência nem otimista nem pessimista, para daí partir para duas gotas d'água.

— um possível: a mentira para ajudar a viver. As rezadeiras dão a entender isso; os outros pensam que elas são cretinas. A situação fica interessante quando a notícia dos conseguidores dá razão a elas. Excitadas por essa notícia boa, elas, então, começam a exagerar os infundios ("Fazemos, mana, fazemos")

* Dr. Sudene. Sujeito fabuloso, do Recife e do Rio. Manda de longe, em todo o mundo. Pode tudo. Ninguém o viu mas todo o mundo acredita nele. Os pessimistas também: só que dizem que não é tão fabuloso assim, é igual a todos. Uma espécie de Ademar da piada do matuto do Piauí: "É o dono da Coca Cola." Arranjar um nome para o Dr. Sudene. No fim, dar um hint de que não é um homem mas um organismo burocrático.

– Ver se o Dr. Sudene aparece ou não. No fim, p. ex., pode vir um engenheiro da Sudene trazer o desfecho. Aí se descobre que Sudene não é gente. Mas ninguém espera que ele apareça. Ninguém o viu. Ninguém o espera: espera o que ele vai fazer. Seu aparecimento seria milagre.

– É preciso de qualquer maneira que não fique Godot o Dr. Sudene.

⊕ Dr. Sudene. Sujeito fabuloso, do Recife e do Rio. Manda de longe, em todo o mundo. Pode tudo. Ninguém o viu mas todo o mundo acredita nele. Os pessimistas também: só que dizem que não é tão fabuloso assim, é igual a todos. Uma espécie do Ademar da piada do matuto do Piauí: "É o dono da Coca Cola". Arranjar um nome para o Dr. Sudene. No fim, dar um hint de que não é um homem mas um organismo burocrático.

— Ver se o Dr. Sudene aparece ou não. No fim, p. ex. pode vir um engenheiro da Sudene trazer o despacho. Aí se descobre que Sudene não é gente. Mas ninguém espera que ele apareça. Ninguém o viu. Ninguém o espera: espera o que ele vai fazer. Seu aparecimento seria milagre

— É preciso de qualquer maneira que não fique Godot o Dr. Sudene.

Coisas que o texto deve deixar claro.

– que é a última vez que trabalham.

– que por isso há tanto trabalho.

– que por isso há tanta gente; que não sabe como vai caber tanta gente.

– que por isso trabalham de mutirão.

– que vão ter de acabar tudo naquele dia, por ser o último.

– que as raspadoras limpam a mandioca, embelezam a mandioca: daí seu otimismo.

– que as raladoras desmancham, destroem a mandioca numa massa: daí seu pessimismo.

– que o prensador, o quebrador, os carregadores, etc. todos têm uma psicologia mimética do trabalho que fazem (deixar isso claro no texto, e não na marcação).

– que estão esperando novas notícias dos carregadores: quando os carregadores vierem, veremos, etc.; ou: pedir a eles, ao se retirarem, que tomem tal e tal providência para apurar a verdade, etc.

– que as raspadoras têm uma imaginação curta, determinada pela pobreza da vida delas, etc.

– que as raspadoras estão-por-cima, na fase em que estiverem com a razão; que as raladoras estão por cima na outra fase, etc.

– que a discussão entre o prensador e o quebrador não se resolve, empata.

Coisas que o texto deve deixar claro.

- que é a última vez que trabalham.
- que por isso há muito trabalho
- que por isso há muita gente; que não sabe como vai caber tanta gente.
- que por isso trabalham de mutirão
- que vão ter de acabar tudo naquele dia, por ser o último.
- que as raspadoras limpam a mandioca, embelezam a mandioca: daí seu otimismo.
- que as raladoras desmancham, destroem a mandioca numa massa: daí seu pessimismo.
- que o prensador, o queimador, os carregadores, etc todos têm uma psicologia mimética do trabalho que fazem (deixar isso claro no texto, e não na marcação).
- ~~[illegible]~~ que estão esperando novas notícias dos carregadores: quando os carregadores vierem, vencem, etc; ou: pedir a eles, ao se retirarem que tragam tal e tal providência para apurar a verdade, etc.
- que as raspadoras têm uma imaginação curta, determinada pela pobreza da vida delas, etc.
- que as raspadoras estão-por-cima, na fase em que estiverem com a razão; que as raladoras estão por cima na outra fase, etc.
- que a discussão entre o prensador e o queimador não se resolve, empata.

~~[illegible]~~

Suposições possíveis sobre o fechamento da casa de farinha:

1 – o dono quer cobrar mais da metade como aluguel.

2 – o dono vai reformar o aparelhamento.

3 – vai vender o aparelhamento e derrubar a casa de farinha, porque vai embora.

4 – vai fazer outra indústria no lugar, etc.

– Cada hipótese dá lugar a sub-hipóteses:

1 – cobrar mais: { aumentar a percentagem
receber em dinheiro
ele mesmo comprar a produção toda dos mandioqueiros.

2 – reformas — que partes vão ser reformadas; (aí botar as
melhores técnicas conhecidas ou imaginadas
por cada um).

3 – venda da c. de f. — porque faliu
está doente
vai se mudar para o Recife, Rio, S. Paulo

4 – outra indústria: – fábrica de alguma coisa fabulosa: borracha sintética,
banana em pó, Coca Cola, garage etc.

Nessas suposições se misturam referências à figura do Coronel e à do Doutor Sudene. Mas não é que eles sejam unanimemente considerados como bons ou ruins. Eles se dividem na opinião que fazem de ambos: há todos os matizes sobre cada um deles. Aliás, ao escalonar os climaxes, deixar que a discussão sobre o Doutor Sudene prepondere no último. Os dois persona-

– Suposições possíveis sobre o fechamento da casa de farinha:

1 – o dono quer cobrar mais da metade como aluguel.

2 – o dono vai reformar o aparelhamento.

3 – vai vender o aparelhamento e derrubar a casa de farinha, porque vai embora.

4 – vai fazer outra indústria no lugar, etc.

– Cada hipótese dá lugar a sub-hipóteses:

1 – cobrar mais { aumentar a percentagem
receber em dinheiro
êle mesmo comprar a produção toda dos mandioqueiros

2 – reformar – que partes vão ser reformadas; (aí botar as melhores técnicas conhecidas ou imaginadas por cada um).

3 – venda da c. de f. – porque faliu
está doente
vai se mudar para o Recife
Rio
S. Paulo

4 – outra indústria: – fábrica de alguma coisa fabulosa: borracha sintética, banana em pó; coca-cola, garage, etc.

– Nessas suposições se misturam referências à figura do Coronel e à do Doutor Sudene. Mas não é que êles sejam unanimemente considerados como bons ou maus. Eles se dividem nas opiniões que fazem de ambos: há todos os matizes, sobre cada um dêles. Aliás, ao escalonar o clímax, deixar que a discussão sobre o Doutor Sudene prepondere no último. Os dois personagens se mesclam em toda a conversa. Mas no clímax-discussão do fim, ele é o motivo central.

gens se mesclam em toda a conversa. Mas no clímax – discurso do Juiz, êle é o motivo central.

– Fazer, na discussão, um pessimista perguntar para uma otimista: "– é verdade que vocês, quando não têm o que conversar, uma pergunta para a outra vamos contar infúndios? E ficam conversando horas? Pois eu pensei, ao entrar, que era isso que estavam fazendo."

– Quando as raspadeiras estão juntas, sozinhas, para esquecer a preocupação que vem das ordens do dono da casa de farinha, elas deslizam para a conversa de infúndios: e começam a descrever o que estão fazendo – raspar mandioca –, a casa de farinha velha, as roupas, etc. como coisa do passado, de quando elas eram meninas. Mas isso não pode ser muito longo e tem de ficar claro. Inclusive deve ser introduzido pela pergunta: vamos imaginar mentira? Vamos contar infúndios; vamos imaginar coisas? etc. Assim, a gorda se imagina magra, a preta, mulata; falar de sapato e mostrar o pé descalço; falar do dinheiro que tem no lenço e na mesma hora se vê que não tem, etc. (Essa conversa é uma: imaginar o presente como passado.)

– cada uma introduz seu infúndio e o vai desenvolvendo paralelamente aos das outras.

– Outra conversa para as raspadeiras. Mais adiante (noutra cena, talvez; talvez já depois de um clímax) elas, que são invencíveis de otimismo, têm outro tipo de conversa imaginosa: o de imaginar já o futuro fabuloso que virá do Dr. Sudene. Isso também deve ser introduzido claramente.

– Fazer alguém se espantar do pouco que elas são capazes de imaginar. Um personagem qualquer, mais viajado, que viveu vida melhor, fica espantado com o pouco que imaginam e pergunta: "Mas isso vocês estão imaginando; etc." Isto é, ele pensa que elas estão no nível realista, contando a vida delas mesmas, o passado, ou o de alguém que conheça. Elas respondem duvidando que haja no mundo quem realize, ou tenha, o que estão imaginando.

– Também poderia aparecer outro (fica aqui como sugestão) que fosse um tipo mais viajado ainda e que revire o bom que elas imaginam como uma queixa delas, uma descrição do má que é a vida que elas levam...

– cada uma introduz seu infúndio e o vai desenvolvendo paralelamente aos das outras. Ou cada uma contará o seu de uma vez. Ver o melhor.

— Fazer, na discussão, a pessimista perguntar para uma otimista: "é verdade que vocês quando não têm o que conversar, uma pergunta para a outra vamos contar impudícias? e ficam conversando horas? Pois eu pensei, ao contrário, que era isso que estavam fazendo!"

— Quando as raspadeiras estão juntas, sozinhas, [para esquecer a preocupação que vem das ordens do dono da casa de farinha.] elas deslizam para a conversa de impudícias: e começam a descrever o que estão fazendo — raspar mandioca, a casa do prefeito velha, as roupas, etc, como coisa do passado, do quando elas eram meninas. Mas isso não pode ser muito longo e tem de ficar claro. Inclusive deve ser introduzido pela pergunta: vamos imaginar mentira? vamos contar impudícias; vamos imaginar coisas? etc. assim, a gorda se imagina magra, a preta mulata; falam de sapato e mostram o pé descalço; falam do dinheiro que têm no lenço e na mesma hora se vê que não têm, etc. (Essa conversa é uma: imaginar o presente como passado)

cada uma entre deve ser impudícia e o vai desenvolvendo paralelamente das outras

— outra conversa para as raspadeiras. Mais adiante (noutra cena, talvez; talvez já depois de um clímax) elas, que são incorrigíveis de otimismo, têm outro tipo de conversa imaginosa: o de imaginar já o futuro fabuloso que virá do Dr. Fulano. Isso também deve ser introduzido claramente.

Fazer alguém se espantar do pouco que elas são capazes de imaginar. Um personagem qualquer, mais viajado, que viveu vida melhor, fica espantado com o pouco que imaginam e pergunta: "mas isso vocês não imaginando; etc." Isto é, ele pensa que elas estão no nível realista, contando a vida delas mesmas, o passado, ou a de alguém que conheça. Elas respondem duvidando que haja no mundo quem realize, ou tenha, o que estão imaginando.

cada uma intr. deve ser impudícia e vai desenvolvendo paralelamente às outras. Ou cada uma contará o seu uma vez. Ver o melhor.

— Também poderia aparecer outro (fica aqui como sugestão), que fosse um tipo mais viajado ainda e que ouvisse o bom que elas imaginam como uma queixa delas, uma descrição do mal que é a vida que elas levam...

De K. Jaspers (in Humboldt, nº 13)

"Em vez de nos deixarmos induzir em erro por imagens do futuro, impressões otimistas e pessimistas, miragens de uma ciência falaz, tornamo-nos conscientes da responsabilidade. Esta encontra-se no dia a dia de cada um, nos nossos impulsos e sentimentos, no nosso comportamento, no convívio com os homens, na proximidade ou distância deles, na preferência e na preterição, em todas as grandes e pequenas decisões que são essenciais não só para nós como para o curso dos acontecimentos. Nas nossas concepções do homem, na sensibilidade às cifras e aos critérios a que obedecem e às coordenadas supremas que as orientam, realizamos atos de liberdade pelos quais somos responsáveis."

De K. Jaspers (in Humboldt, n. 13)

"Em vez de nos deixarmos induzir em êrro por imagens do futuro, impressões otimistas e pessimistas, miragens de uma ciência falaz, tornamo-nos conscientes da responsabilidade. Esta encontra-se no dia a dia de cada um, nos nossos impulsos e sentimentos, no nosso comportamento, no convívio com os homens, na proximidade ou distância dêles, na preferência e na preterição, em tôdas as grandes e pequenas decisões que são essenciais não só para nós como para o curso dos acontecimentos. Nas nossas concepções do homem, na sensibilidade às cifras e aos critérios a que obedecem e às coordenadas supremas que as orientam, realizamos atos de liberdade pelos quais somos responsáveis."

18.X.66 De Joyce: "Praiser of days gone by."

– As raladoras são pessimistas não por consciência, ou experiência social, mas porque são "praisers of days gone by". Assim, paralelamente ao conflito otimismo x pessimismo haverá o conflito saudosismo x futurismo (?). Botar as raladoras como pessimistas filosóficas seria artificial demais. Enquanto que o saudosismo é um estado-de-espírito mais do que comum a sua gente.

18.X.66. De Joyce: "praiser of days gone by".

— as lavadeiras são pessimistas não por consciência, ou experiência, social, mas porque são "praisers of days gone by". Assim, <u>paralelamente</u> ao conflito <u>otimismo</u> x <u>pessimismo</u> haverá o conflito <u>saudosismo</u> x <u>futurismo</u>(?) Botar as lavadeiras como pessimistas filosóficas seria artificial demais. Enquanto que o saudosismo é um estado-de-espírito mais do que consciência a ser posto.

P. a Casa de Farinha

— Here I am, and old man, etc.

— Let's go there, you and I.

— etc.

— Caçar os começos em coisas assim, para dar um efeito paródico e gozar a "primeira palavra" rilkeana.

— Possível inclusão positiva. Depois de tudo acabado, com a derrota dos otimistas e a vitória dos pessimistas, vem o "forneiro", que fica sozinho no palco, mexendo na farinha para torrá-la, etc. E o tema do monólogo final dele é dizer que a consciência do problema é o importante e que, embora, desta vez, a coisa fique assim, da próxima aquela gente já estará escaldada, consciente.

P. a ~~[illegible]~~ Casa de Farinha.

— Here I am, and old man, etc.

— Let's go then, you and I.

— etc.

— Começar os números em coro assim, para dar um efeito paródico e gozar a "primeira palavra" eliotiana.

— Possível conclusão positiva. Depois de tudo acabado, com a derrota dos otimistas e a vitória dos pessimistas, vem o "forneiro", que fica sozinho no palco, mexendo na farinha para torrá-la, etc. O tema do monólogo final dêle é dizer que a consciência do problema é o importante e que, embora, desta vez, a coisa fique assim, da próxima aquela gente já estará escaldada, consciente.

Notas sobre teatralidade (escolhas a evitar)

– Buscar formas em teatro tem de ser buscar cenas. Mas sendo tudo nessa peça passado numa casa de farinha, com gente trabalhando, não é possível ação, propriamente. As cenas são os choques, as situações de choque que se armam, as discussões. As cenas se expressarão pelas palavras (no mesmo sentido em que o encontro com a mulher na janela, o enterro no canavial e outros no Auto de Natal).

Ver quais são essas cenas: as principais são:

– as entradas dos carregadores

– as discussões { (2 entre raspadoras e raladores)
(1 entre o prensador e o quebrador)

Mas ver se se pode botar, entre essas discussões climaxes e as entradas-coup-de-barre, outras subcenas, subclimaxes.

– A casa de farinha não tem a dramaticidade-viagem, fácil, do Auto de Natal. A dramaticidade dela tem de ser construída na base:

1 – da expectativa (criada pela conversa e referências à entrada dos carregadores). No A. de Natal a surpresa não precisava ser criada.

2 – das discussões (as discussões): estas terão de ser muito mais fortes do que no auto (aliás, no auto não há discussões, há conversas: a única discussão, e fraca, é Carpina x Severino). Agora as discussões têm de ser brigas.

– Teatro é o herói: presente ou ausente-presente. A expectativa não é herói. Por outro lado, um auto assim coletivo e cheio de personagens impede que o espectador se identifique com algum. Botar o Dr. Sudene é importante: mas não creio que ele seja o herói. Foi bom botá-lo para eu poder gozar a Sudene. Mas não creio que ele seja herói: como Godot não é herói. Pensar nisso e ver se teatro é mesmo o herói.

Notas sobre teatralidade (escolhos a evitar)

- Buscar formas em teatro tem de ser buscar cenas. Mas sendo tudo nessa peça passado numa casa de farinha, com gente trabalhando, não é possível ação, propriamente. As cenas são os choques, as situações de choque que se armam, as discussões. As cenas se expressarão pelas palavras (no mesmo sentido em que o encontro com a mulher na janela, o enterro no canavial e outros do Auto de Natal.

  Ver quais são essas cenas: as principais são:
  — as entradas dos carregadores
  — as discussões { (2 entre raspadeiras e raladores) / (1 entre o prensador e o quebrador.

  Mas ver se se pode botar, entre essas discussões-climaxes e as entradas-coup-de-barre, outras sub-cenas, sub-climaxes.

- A casa de farinha não tem a dramaticidade-viagem, fácil, do Auto de Natal. A dramaticidade dela tem de ser construída na base:

  1- da expectativa (criada pela conversa e referências à entrada dos carregadores) no A. de Natal a surpresa não precisava ser criada
  2- das discussões (as discussões): estas terão de ser muito mais fortes do que no auto (aliás no auto não há discussões, há conversas: a única discussão, e fraca, é Carpina x Severino. Agora a discussão tem de ser brigas.

- Teatro é o herói: presente ou ausente-presente. A expectativa não é herói. Por outro lado, um auto assim coletivo e cheio de personagens impede que o espectador se identifique com algum. Botar o Dr. Sudene é importante: mas não creio que êle seja o herói. Foi bom botá-lo para eu poder gozar a Sudene. Mas não creio que êle seja herói: como Godot não é herói. Pensar nisso e ver se teatro é mesmo o herói.

Notas

– Só os carregadores trarão boatos. Para aumentar a expectativa, fazer dizer: quando o prensador chegar, o quebrador, etc. Mas estes não trazem nunca nada de novo.

– Não fazer briga dentro de cada grupo (i. é, do das raspadoras e dos raladores: estes, homens e mulheres, pensando igual por causa do trabalho igual que fazem). Cada grupo é um personagem como os personagens individuais.

– Botar o máximo de gente possível por causa das condições de trabalho naquele dia. E fazer a gente ficar o mais tempo possível. O clímax final devia ser ainda com todo o mundo presente.

– Usar diálogos, triálogos, poli..., monólogos etc. E coros, como os meus. Conforme o caso e a necessidade, funcionalmente. Mas sem preocupação de simetria como no Auto de Natal.

– Botar muita gente: inclusive, serventes que não falam, ficam como uma espécie de coro.

Notas.

– Só os carregadores trarão boatos. Para aumentar a expectativa, fazer dizer: quando o pesador chegar, o pulhador, etc. Mas estes não trazem nunca nada de novo.

– Não fazer briga dentro de cada grupo (i.é, do das raspadoras e dos raladores: estes, homens e mulheres, pensando igual por causa do trabalho igual que fazem). Cada grupo é um personagem como os personagens individuais.

– Botar o máximo de gente possível por causa das condições de trabalho naquele dia. E fazer a gente ficar o mais tempo possível. O clímax final devia ser atingido com todo o mundo presente.

– Usar diálogos, triângulos, pel..., monólogos, etc. E coros, como os meus. Confrontar o coro e a necessidade, principalmente. Mas sem preocupação de simetria como no auto de natal.

– Botar muita gente: inclusive, serventes, que só falam, ficam como uma espécie de coro.

O IMPACTO DA SUDENE

A SUDENE (Superintendência do Desenvolvimento do Nordeste) foi criada em 1959 com os objetivos de:

1 — Aumentar a renda **per capita** do Nordeste a um ritmo que diminua progressivamente as diferenças em relação ao Centro-Sul.

2 — Promover a integração espacial e setorial da economia nordestina para evitar distorções locais de crescimento e integrar o Nordeste cada vez mais na economia brasileira.

3 — Criar novas oportunidades em emprêgo, a fim de absorver a crescimento da população ativa e diminuir o **deficit** existente.

4 — Alargar as possibilidades de acesso aos benefícios do desenvolvimento para propiciar a todos um mínimo de oportunidades de realização pessoal e melhores condições de mobilidade social.

Em seis anos de atividades, vem apresentando um saldo positivo de realizações. Assegurou condições para a criação, na região, de 100.000 novos emprêgos industriais, mediante a adoção de uma política de incentivos fiscais e outras formas de ajuda direta. Ajudou a financiar sistemas de energia elétrica que permitiram duplicar a demanda do último qüinqüênio. Em convênio com Estados e com os órgãos locais da Aliança para o Progresso, criou oportunidades para 80.000 novas matrículas de crianças em idade escolar e melhorou as condições de ensino para 100.000 escolares. Treinou mais de 2.000 técnicos de nível universitário e os colocou à disposição da região. Procedeu ao levantamento do potencial de aproveitamento econômico de 17 vales do Nordeste, para fins de colonização, recolonização em agricultura diversificada e irrigação intensiva. Auxiliou a pavimentar ou a construir cêrca de 3.000 quilômetros de rodovias, ligando os centros de produção aos de consumo e a região às demais do País. Apoiou a criação de mais de 250 novas indústrias.

A mandioca, entulhada no meio da casa, é, comumente, raspada por mulheres sentadas no chão, armadas de quicés. Uma raspa a raíz até o meio, outra acaba de raspá-la....

Raspada a mandioca, ralam-na num caitetu de lata, prêso a uma espécie de mesa com bordas, o cevador, e acionado pela polia de relho de uma grande roda, que chia irritante, tangida por dois homens ... Em algumas fazendas move-o uma bolandeira, grande roda puxada por bois ou burros. Aquela papa de mandioca ralada, a massa, vai então para a prensa, enorme armação de madeiras rijas, o braço ou parte superior de pau-d'arco empenado, as virgens, madeiros de sustentamento, de aroeira; tudo de grande fôrça e de grande rusticidade. A mandioca, encartuchada em palhas de carnaúba é depositada numa parte funda, uma espécie de caixa, armada na mesa de prensa, e espremida por um grosso e pesado chaprão, empurrada por um brinquete, um toro curto de forte madeira. O braço da prensa, abaixando-se vagarosamente por meio de um alto parafuso feito de grosso cerne, movido pelo prenseiro, pesa no brinquete que vai empurrando o chaprão sôbre a massa.

Depois de imprensada a massa, e peneirada no côcho é torrada num grande fôrno de alvenaria, com as fendas dos tijolos largos mal tapadas de barro. Mexe-a com uma longa vara um mestiço indolente, o forneiro, mascando o mapinguin, resmungando em voz baixa toscos versos do sertão, rindo simiescamente das prosas das raparigas da tulha, de quando em quando tossindo sôbre a farinha alvadia, à inaturável afumadura da lenha resinosa, escapando-se pelas frinchas da malfeita parede.

Gustavo Barroso, Terra do Sol

Citado por Oswaldo Lamartine de Faria, "Conservação de Alimentos nos Sertões do Seridó".

Dêste autor: "A desmancha ou farinhada ainda hoje pouco difere de uma região para outra nos sertões do Nordeste. O aviamento é montado em telheiros aguentados por colunas de madeira ou alvenaria.

Notas sobre a fábrica de farinha purificável da Pumaty

– Dadas por Tulio

– Uma fábrica dessas poderá ser usada como assunto de conversa, com a conotação de coisa de grande progresso, etc.

– descascador: era um rolo de taliscas de madeira; jogava-se a mandioca dentro e ele rodava; o atrito da mandioca tirava a casca delas.

– picadores: espécie de navalhas: tirava lascas, lapas de mandioca que se jogava dentro deles (talvez como nas navalhas de uma usina de açúcar).

– prensa: hidráulica; separava a goma, a manipueira e a mandioca seca e raspada.

– forno: a raspa ia para o forno para acabar de secar.

– moinho: transformava a raspa em pó, fino como talco.

- Notas sobre a fábrica de farinha panificável de Paraty -

- Dados por Túlio.

- Uma fábrica dessas poderá ser usada como assunto de conversa, com a conotação de coisa de grande progresso, etc.

- descascador: era um rolo de tábuas de madeira; jogava-se a mandioca dentro e ele rodava; o atrito das mandiocas tirava a casca delas.

- picadores: espécie de navalhas: tirava lascas, lapas da mandioca que se jogava dentro dele (talvez como nas navalhas de uma usina de açúcar).

- prensa: hidráulica; separava a goma, a manipueira e a mandioca seca e raspada.

- forno: a raspa ia para o forno para acabar de secar.

- moinho: transformava a raspa em pó, fino como o talco.

Notas (dadas por Tulio)

– Em Pernambuco não se usa tipiti. A massa é esmagada no próprio cocho. Às vezes botam uma estopa.

– o rodo do forneiro: como um pau de croupier de roleta.

– o J. [...], de Carpina, que já tem uma casa de farinha movida a eletricidade.

Notas (dadas por Túlio)

- Em Pernambuco não se usa tipiti. A massa é esmagada no próprio côcho. Às vezes botam uma estopa.
- o rôdo do forneiro = como um pau de croupier de roleta
- o J. Lobo, de Carpina, que já tem uma casa de farinha movida a eletricidade

– Carlos Borges Schmidt, "Lavoura caiçara".

"Façamos uma pequena recapitulação, quanto ao tempo gasto no serviço de desmancha. Começando o trabalho de raspar às 6 horas da manhã, quatro pessoas, às 8 horas duas delas vão ralar, e às 10 horas as outras duas terminam de raspar. A essa altura, já tem massa pronta para fornear. Às 14 horas terminam o serviço de ralar. Às 20 horas termina o forneamento. Entre 8 e 14 horas, descartando o tempo para o almoço, duas pessoas ralam mandioca para 5 alqueires de farinha. Entre 10 da manhã e 8 da noite, ou pouco mais, em um forno de cobre, de 4 palmos de boca, podem ser forneados 5 alqueires de farinha."

– Carlos Borges Schmidt, "Lavoura Caiçara".

"Façamos uma pequena recapitulação, quanto ao tempo gasto no serviço de desmancha. Começando o trabalho de raspar às 6 horas da manhã, quatro pessoas, às 8 horas duas delas vão ralar, e às 10 horas as outras duas terminam de raspar. A essa altura, já tem massa pronta para fornear. Às 14 horas terminam o serviço de ralar. Às 20 horas termina o forneamento. Entre 8 e 14 horas, descontando o tempo para o almoço, duas pessoas ralam mandioca para 5 alqueires de farinha. Entre 10 da manhã e 8 da noite, ou pouco mais, em um forno de cobre, de 4 palmos de boca, podem ser forneados 5 alqueires de farinha".

P. A. Touchard

"... au théâtre, l'interêt d'une action n'existe jamais en cette action même, mais dans la projection des conséquences virtuelles de cette action sur l'avenir".

– "le mouvement théâtral réside à la fois dans l'évolution des situations et des caractères et dans le mouvement physique des personnages sur le plateau".

– "... au théâtre, le spectateur attend toujours que quelque chose se passe, et c'est pourquoi l'entrée d'un personnage ou la sortie d'un des personnages présents y prennent une telle importance qu'à elles seules elles déterminent une scène nouvelle..."

– "en principe, toute entrée ou toute sortie de personnages répond, dans une pièce bien construite... à une modification, à un rebondissement de l'action".

– "... la vérité est que le mouvement au théâtre est lié moins à la présence effective des personnages qu'à leur intervention".

P. A. Touchard

"... au théâtre, l'intérêt d'une action n'existe jamais en cette action même, mais dans la projection des conséquences virtuelles de cette action sur l'avenir."

– "le mouvement théâtral réside *à la fois* dans l'évolution des situations et des caractères, et dans le mouvement physique des personnages sur le plateau".

– "... au théâtre, le spectateur attend toujours que *quelque chose se passe*, et c'est pourquoi l'entrée d'un personnage ou la sortie d'un des personnages présents y prennent une telle importance qu'à elles seules elles déterminent une scène nouvelle ..."

– "en principe, toute entrée ou toute sortie de personnages répond, dans une pièce bien construite ... à une modification, à un rebondissement de l'action".

– "... la vérité est que le mouvement au théâtre est lié moins à la présence effective des personnages qu'à leur intervention".

P. A. Touchard

"Une pièce de théâtre est la representation par des comédiens sur un plateau, d'une action opposant à partir d'une situation donnée, deux ou plusieurs personnages donnés, évoluant selon les lois de logique propre. Le mouvement dramatique se caractérise par une succession de scènes dont chacune apporte un element nouveau de nature à aboutir à une situation unique si tendue que le dénouement né peut se concevoir que par la disparition ou l'abdication de l'un des protagonistes ou par une intervention de caractère providentiel."

"le personnage de théâtre n'est pas seulement un caractère, il est un caractère en situation". ... ce qui lie le caractère à la situation, c'est la volonté, laquelle est le moteur de l'action par son refus de tenir compte de la situation.

"En résumé, pour qu'un personnage de théâtre devienne un parfait p. de th., il faut:

- un caractère déterminé et immuable,
- une volonté obstinée,
- une situation ou un milieu qui s'oppose à cette volonté."

2

P. A. Michaud

"Une pièce de théâtre est la représentation par des comédiens sur un plateau, d'une action opposant à partir d'une situation donnée deux ou plusieurs personnages donnés, évoluant selon les lois de leur logique propre. Le mouvement dramatique se caractérise par une succession de scènes dont chacune apporte un élément nouveau de nature à aboutir à une situation unique si tendue que le dénouement ne peut se concevoir que par la disparition ou l'abdication de l'un des protagonistes ou par une intervention de caractère providentiel."

"Le personnage de théâtre n'est pas seulement un caractère, il est un caractère en situation."... Ce qui lie le caractère à la situation, c'est la volonté, laquelle est le moteur de l'action par son refus de tenir compte de la situation.

"En résumé, pour qu'un personnage de théâtre devienne un parfait p. de th., il faut:
- un caractère déterminé et immuable,
- une volonté obstinée
- une situation ou un milieu qui s'oppose à cette volonté."

P. A. Touchard

– "La situation est le fait dramatique par excellence: en face d'un individu seul, et qui pourrait se croire libre, se sont posés des objets, des événements, d'autres hommes dont la seule existence restreint cette liberté, la met en jeu."
"... toute réalité autre que moi m'est une possibilité de souffrance, ou de plaisir... donc un appel à l'action, et en son sens plus précis, au drame."

> Nota - para a C. de F.: não seria preciso botar uma pessoa que queira mudar a situação? Ou, ao menos, que proponha? Um personagem – da família dos otimistas, que sugira irem falar com o dono?

... – "la durée est l'ennemie du théâtre, car une situation qui se prolonge perd de son intensité dramatique".

– "il n'y en a qu'une (situation): une volonté qui se heurte à un obstacle insurmontable".

– "Une pièce peut avoir plusieurs héros, mais à la condition qu'il y ait une unité de sujet, ou tout au moins d'atmosphère".

3

P. A. Touchard

– "La situation est le fait dramatique par excellence: en face d'un individu seul, et qui pouvait se croire libre, se sont posés des objets, des événements, d'autres hommes dont la seule existence restreint cette liberté, la met en jeu".

... toute réalité autre que moi n'est une possibilité de souffrance, ou de plaisir ... donc un appel à l'action, et au son sens le plus précis, au drame."

> Nota – para a C. de F.: não seria preciso bastar uma pessoa que quisera mudar a situação? Ou, ao menos, que propunha? Um personagem – da família dos otimistas, que surgira mesmo falar com o dono?

... – "la durée est l'ennemie du théâtre, car une situation qui se prolonge perd de son intensité dramatique".

– "il n'y en a qu'une (situation): une volonté qui se heurte à un obstacle insurmontable".

– Une pièce peut avoir plusieurs héros, mais à la condition qu'il y ait une unité de sujet, ou tout au moins d'atmosphère".

2 C-A	1
– Os carregadores (entrando)	– As raspadoras (sós)
dão uma versão pessimista	comentam o fato mais otimisticamente

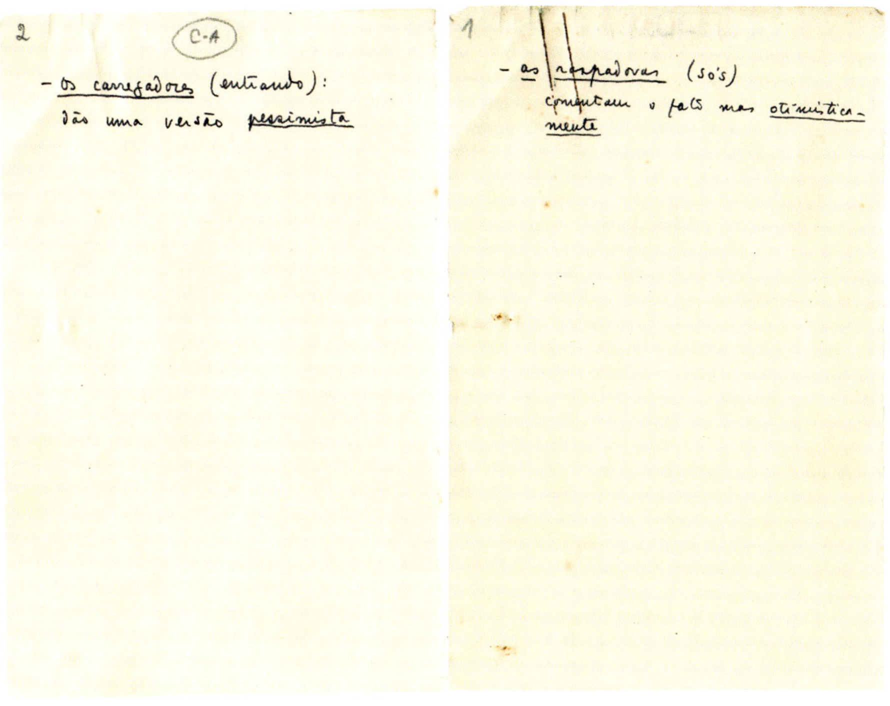
2
C-A
- Os carregadores (entrando):
dão uma versão pessimista
1
- as raspadoras (só's)
comentam o fato mas otimistica-
mente

4

– As raladoras (que entram)

elas se cruzaram no caminho com os carregadores e sabem da versão pessimista.

– então estabelecem com as raspadoras uma discussão, que será o 1º clímax.

3

– As raspadoras (sós)

diante da versão pessimista anterior, procuram o lado bom possível, procuram racionalizar, torcendo, otimisticamente o que ouviram.

4

– as raladoras (que entram)

elas se cruzaram no caminho
com os carregadores e sabem
da versão pessimista.
– então estabelecem com as
raspadoras uma discussão, que
será o 1º clímax.

3

– as raspadoras (sós)

diante da versão pessimista
anterior, procuram o lado bom
possível, procuram racionalizar,
torcendo, otimisticamente o
que ouviram.

6

– As raspadoras aproveitam a notícia para tripudiar sobre as raladoras. Com a entrada do prensador a discussão se complica, porque este, ao ser o personagem cético que desidrata a notícia inclina, de certo modo, a balança em favor das raladoras (pessimistas).

5 C - B

– Os carregadores (entrando) dão uma versão otimista (que a versão otimista seja o 2º anúncio), (portanto, venha aqui) é importante para que as raspadoras possam tripudiar sobre as raladoras.

6

— as raspadoras aproveitam a notícia para tripudiar sobre as raladoras. Com a entrada do prensador a discussão se complica porque este, ao ser o personagem cético que desidrata a notícia inclina, de certo modo a balança em favor das raladoras (feministas).

5

(C – B)

— os carregadores (entrando) dão uma versão otimista (que a versão otimista seja o 2º anúncio, (portanto, venha aqui,) é importante para que as raspadoras possam tripudiar sobre as raladoras.

7 C - C

– Os carregadores (entrando)

dão uma versão ambígua, que se presta a um quiproquó, ou mal-entendido (que a versão ambígua seja a terceira é importante: porque a discussão que se segue será para interpretar o que foi dito, criando perplexidade no próprio espectador, que assim vai tendo seu interesse in crescendo).

7

C – C

– Os carregadores (entrando)

dão uma versão ambígua, que
se presta a um quiproquo,
ou malentendido (que a versão
ambígua seja a terceira é
importante: porque a discussão
que se segue será para inter-
pretar o que foi dito, criando
perplexidade no próprio especta-
dor, que assim vai tendo seu in-
teresse em crescendo).

4.VI.1969

Nota para a Casa de Farinha:

– Tentar ver se é possível o choque dramático não individual mas em grupo. Assim, usando a técnica do coro repetitivo de M. e V. S., em que cada gente "acrescenta" o que o anterior disse, tentar um tipo de conflito dramático novo: sucedendo-se no tempo, sem bate-boca de [...], etc. P. ex.: um grupo "desenvolve" uma opinião; quando ele acaba, como se fosse noutro nível, outro grupo rebate aquela opinião.

Ver se isso é possível. Talvez seja. Em vez do espectador participar de um debate instantâneo, ele participa, sem paixão, de um debate não instantâneo.

– Usar em cada unidade de coro – opinião a repetição, como em M. e V. S. –,

– vendo a coleção de ditados de G. [...].

– Assim, fazer cada grupo não discutir. Cada grupo é um bloco, um ideograma. O conflito nasce da sucessão de opiniões, ideogramaticamente. É como se cada grupo falasse numa língua diferente da do outro.

– Ver se isso é possível em teatro. Seria uma novidade, anyway.

4. VI. 1969

Nota para a Casa de Farinha:

— Tentar ver se é possível o choque dramático não-individual <u>mas</u> em-grupo. Assim, usando a técnica do coro repetititivo de M. e V. S., em que cada gente "acrescenta" o que o anterior disse, tentar um tipo de conflito dramático novo: sucedendo-se no tempo, sem bate boca de movimento, etc. P. ex.: um grupo "desenvolve" uma opinião; quando ele acaba, como se fosse noutro nível, outro grupo rebate aquela opinião.

Ver se isso é possível. Talvez seja. Em vez do espectador participar de um debate instantâneo, ele participa, sem paixão, de um debate não-instantâneo.

— Usar, em cada unidade de coro-opinião a repetição, como em M. e V. S. —, vendo as coleções de ditados de J. Maria.

— Assim, fazer cada grupo não-discutir. Cada grupo é um bloco, um <u>ideograma</u>. O conflito nasce da sucessão de opiniões, ideogramaticamente. É como se cada grupo falasse uma língua diferente da dos outros.

— Ver se isso é possível em teatro. Seria uma novidade, <u>anyway</u>.

– Quanto à C. de F.: o negócio é o 1º verso, ou melhor, como abordar o assunto: o tema deve ser proposto de saída, p. ex., as pessoas que vão chegando: se toda a gente de perto/ vem moer sua mandioca/ um dia não bastará/ nem que se fique a desoras. (Outras fazem variações sobre o tema, esclarecendo o prazo que têm.) O melhor é moer junto/ a mandioca de todos/ e dividir a farinha/ depois de sair do forno (variações etc.). Sempre as falas iniciais devem expor a situação e explicar os grupos

2

~~em verso livre dialogado. Certas cenas (p. exemplo, o momento de tirar a batina e vestir a alva dos condenados) pode ser mudo; o pai pegando os santos para, também; a entrega do corpo ao convento, também.~~

— Quanto à C. de F.: o negócio é o 1º verso, ou melhor, como abordar o assunto: o tema deve ser proposto de saída. P. ex. as pessoas que vão chegando: se toda a gente de perto / vem moer sua mandioca / um dia não bastará / vem que se fique a desoras. (outros fazem variações sobre o tema, esclarecendo o peso que têm) O melhor é moer junto / a mandioca de todos / e dividir a farinha / depois de sair do forno (variações etc). Sempre as falas iniciais devem expor / a situação e explicar os grupos que se encarregam dos trabalhos. E também sugerir a oposição otimismo X pessimismo (que se deve sentir não só na fala dos grupos de personagens como no trabalho que fazem! Esse trabalho deve ser explicado nas falas).

– A C. de F.: fazer assonantado: em quadras e dísticos, usando as repetições (como na cena do enterro de M. e V. S.) entre os grupos.
– Os grupos falam entre si, e evidentemente cada grupo pensa igual. As contestações serão dadas por outro grupo que fala (e que pensa igual): assim o diálogo vai se movimentando de um para outro dos grupos arrumados juntos (e não baralhados) no palco.
– Os arautos (os caras que trazem a

que se encarregam dos trabalhos. E também sugeriu a ~~idéia~~ ~~desta~~ oposição otimismo × pessimismo (que se deve sentir não só na fala dos grupos de personagens como no trabalho que fazem: esse trabalho deve ser explicado nas falas).

— A.C. de F.: fazer assonantadas: em quadras e dísticos, usando as repetições (como na cena do enterro de M. e V. S.) entre os grupos.
— Os grupos falam entre si, e evidentemente cada grupo pensa igual. As ~~oposições~~ contestações serão dadas por outro grupo que fala (e que pensa igual): assim o diálogo vai se movimentando de um para outro dos grupos arrumados juntos (e não baralhados), no palco
— os arautos (os caras que trazem a

3

mandioca também entram em grupo. E embora cada um possa dar uma notícia, a diferença deve ser pequena, entre as notícias que dão em cada entrada (usar as repetições); as variações maiores devem ser de entrada a entrada.

– O negócio é encontrar os versos iniciais que darão a abordagem geral. Agora é procurar esses versos – abordagem, tanto para A C. de F. quanto para a M. de F. C.

3

mandioca também entravam em grupo. E embora cada um possa dar uma notícia, a diferença deve ser pequena, entre as notícias que dão em cada entrada (usar as repetições); as variações maiores devem ser de entrada a entrada.

— o negócio é encontrar os versos iniciais que darão a abordagem geral. Agora é procurar esses versos-abordagem, tanto para A C. de F. quanto para a M. de F.C.

A Casa de Farinha

1º Arauto

Aqui estou minha gente
Primeiro a trazer [...]
Que prendo no vosso chão
O arauto mais pobre que há;
Que apenas o mesmo
Que [...] julga [...] faz
Já que eu jogando no chão
A mandioca que há
E não na vossa cabeça
Como [...] no temporal.
Que cai de cima e por isso
Calei verdade ou com o ar
De que pois cai de cima
Ou vai do que essa [...] haverá
Cai sentença: se mentira
Ou verdade há que aceitar.

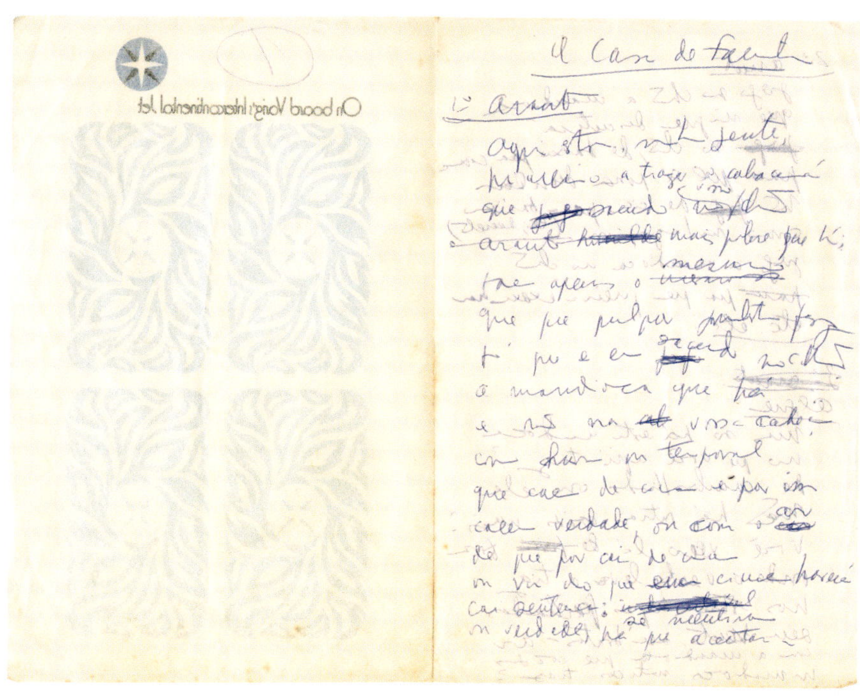

2º Arauto
Jogo no chão a mandioca
Que ninguém discutirá
No chão, de baixo para cima
Para que a possa descascar.
Não de cima para baixo
Como milagre ou (lei, decreto)
Jogo a mandioca no chão
Pra quem queira examinar
Etc. etc.

~~3º Arauto~~
Alguém
Mas só há esta mandioca
No que você aqui traz
De embrulhado com ela
Não há outras coisas mais?
Você veio lá de fora
Onde o vento leva e traz
Nós estamos aqui fechados
Sem vento, sem boatos – ar
Com a mandioca que coisas
[...], notícias traz?

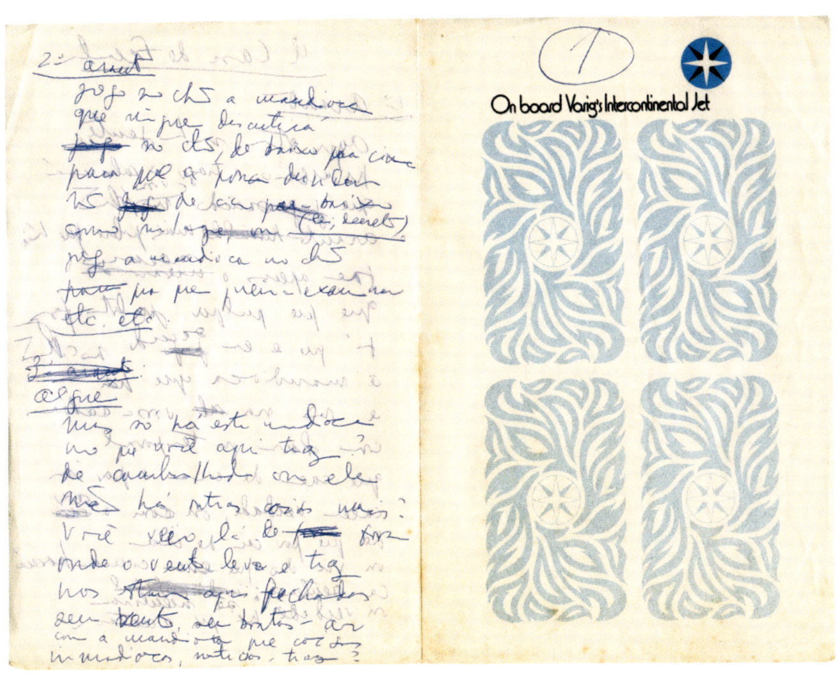
On board Varig's Intercontinental Jet

Arauto:
Não sei não: tudo o que ouvi
Me faz uma tal confusão
Que não sei dizer se o que ouvi
Era um dizer sim ou não
As coisas todas se cruzavam
Como um madapolão
Os fios se cruzam e a gente
Não sabe se viu ou não
As novidades são tantas
Se cruzam, tantas, e tão,
Que é difícil dizer nelas
Onde está o sim e o não.
Por isso, melhor calar
Se, no tecido o padrão
Não é possível distinguir
Melhor dizer que não tem não

– Mas afinal vocês de fora
[...] porque todos estão
nós e vocês, num só dia
como se fosse um mutirão,
a fazer esta farinha
que cada um, com sua mão,
antes vinha aqui fazer
afinal porque a intenção
de vir aqui todo mundo
no dia de hoje, a reunião
como se fazer farinha
fosse um S. Pedro ou São João.

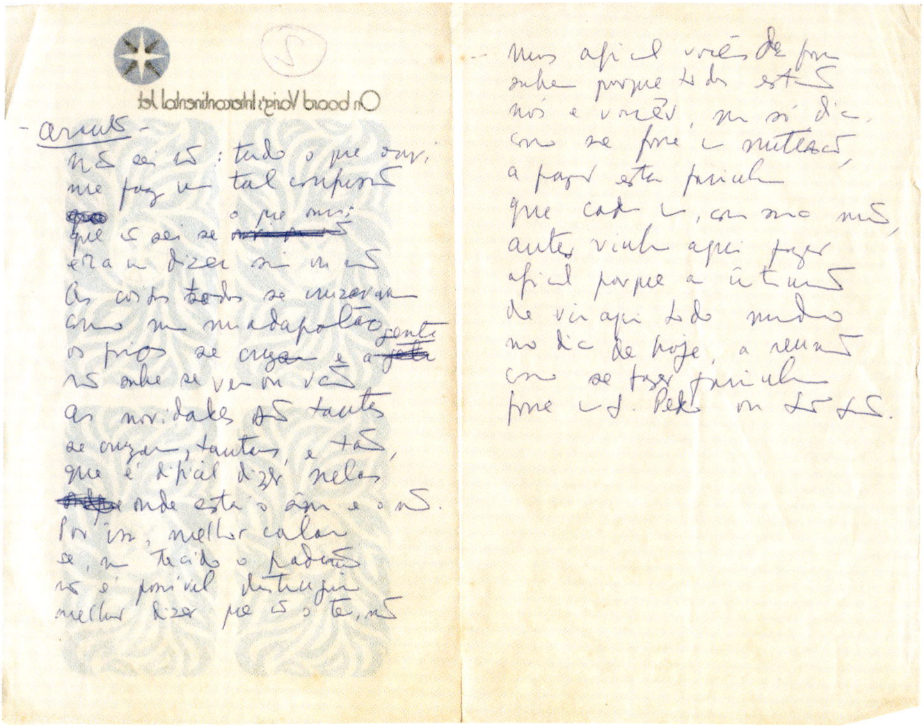

(2)

\- [illegible] -

não sei não: tudo o que ouvi,
me faz um tal confusão
~~[illegible]~~ o que ouvi;
que não sei se ~~[illegible]~~
era um dizer sim ou não
As cores ~~todas~~ se cruzavam
como num madapolão
os fios se cruzam e a ~~[illegible]~~ gente
não sabe se vem ou vão
as novidades são tantas
se cruzam, tantas, e tão,
que é difícil dizer nelas
~~[illegible]~~ onde está o sim e o não.
Por isso, melhor calar
se, num tecido o padrão
não é possível distinguir
melhor dizer que não o tem, não

\-- Mas afinal vocês devem saber
porque todos estão
nós e vocês, num só dia,
como se fosse uma multidão,
a pagar esta [illegible]
que cada um, com sua mão,
antes vinha aqui pagar
afinal porque a [illegible]
de vir aqui todo mundo
no dia de hoje, a reunião
como se fosse [illegible]
fosse [illegible] [illegible] [illegible].

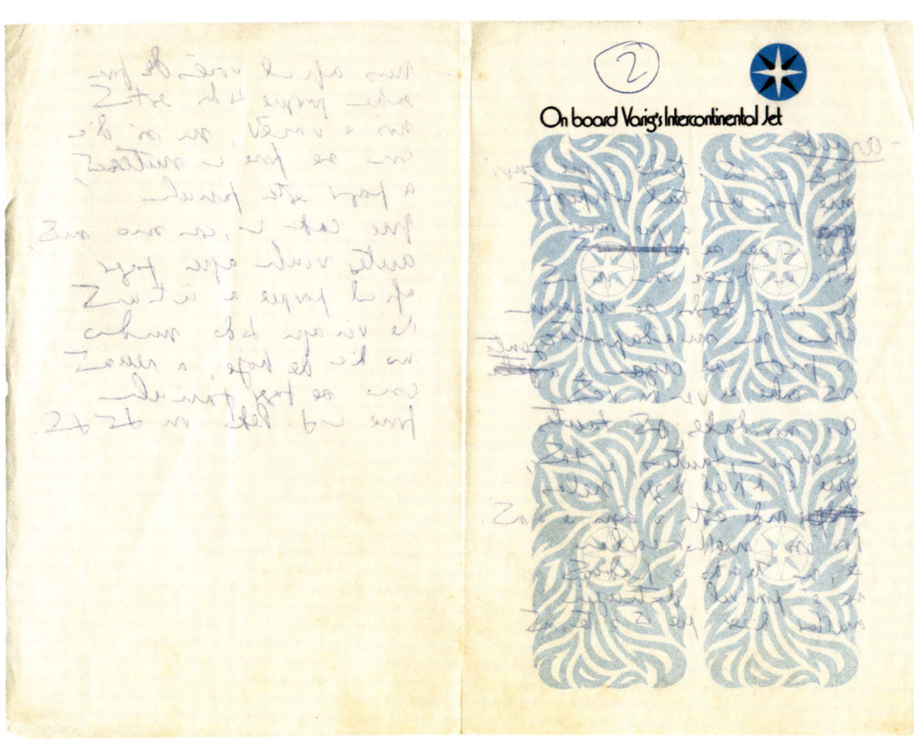
2
On board Varig's Intercontinental Jet

A Casa de Farinha

– Todas às 5 da manhã
– Para as 5 da madrugada
– E todas para o dia de hoje
como à cada citadas
– Cada uma trilha seu dia
– E sua semana
se mais abastadas
– E aqui nos chama a todos
para essa hora madrugada
– hora em que o mundo é ainda nada
– E sem que nos explicassem
por que cá estar a essa hora nada
– hora em que nada se faz
– ou o que se faz vira nada.
– Haverá alguém de saber
por que de um sono de nada
nos trazer a um acordado nada?

– Ninguém sabe, a quem
Seu [...] pôs a leilão
Sua casa de farinha
Que usamos até então.

A casa de farinha

— Todos às 5 da manhã.
— Para as 5 da madrugada
— E todos para o dia de hoje
como à cada a todos.
— Cada um tinha seu dia
— E a semana,
seus dias abstratos
— E agora nos chama a todos
— para esta hora madrugada
— hora em que o mundo é ainda nada
— e sem que nos explicassem
porque cá estar a esta hora nada
— hora em que nada se faz
— ou o que se faz vira nada
— Haverá alguém que saiba
porque de um som de roda
nos traga a [illegible]!

— Mas que sabe, a pressa
Seu Dennis pôs a leiloar
a casa de farinha
que usávamos até então.

– Vem uma fábrica nova
fabricar nossa farinha
– Quem já viu que a farinha
possa dispensar a sova,
o suor, o amassar de mãos
o torrar cantado com trovas
– Essa nova fábrica que vem
substituir aquela nossa
será capaz de trazer
à farinha <u>a marca nossa?</u>
– Mas a culpa por tudo é nossa
antes cada um plantava
sua própria mandioca
e no telheiro arrombado
fazia [....] de nossa
– Mas que depois que cada um
se junta em grandes palhoças
de aluguel e a comerciar
o trabalho de alqueires horas
foi muito mais fácil para eles
atacar nas <u>coisas nossas</u>

– Vem a fábrica nova
fabricar nossa farinha

– Quem já viu que a fábrica
possa dispensar a roça,
o suor, o amassar de mãos
o torrar [illegible] com [illegible]

– Essa nova fábrica que vem
substituir aquela nossa
será capaz de trazer
à farinha a marca nossa?

– Mas a [illegible] foi tudo nosso.
antes cada um plantava
seu próprio mandioca
e nos [illegible] [illegible]
[illegible] [illegible] de nosso

– Mas que depois que cada um
se juntou em grandes galpões
de aluguel e a comerciar
o trabalho de alguns homens
foi muito mais fácil para eles
atacar as coisas nossas

"Oui j'ai tout espéré
Et j'ai désespéré de tout"

P. Éluard,
La rose publique

"Oui j'ai tout espéré
Et j'ai desespéré de tout"
P. Eluard
La Rose Publique

— Muitos bons dias, senhora
que nesta lida está,
trago a carga de mandioca
que cresceu no meu lugar.
— Muitos bons dias senhoras,
que todas aqui estais:
trago a carga de mandioca
que às pressas pude apurar.
— Muitos bons dias senhoras
eis, me mandaram entregar:
tudo o que de mandioca
eu tinha podido lavrar.
— Muitos bons dias senhoras
eis, me mandaram entregar:
dizendo que aqui teria
a última vez de a entregar.

— que se não a trouxesse hoje
não mais podia entregar
— que hoje é o último dia
que se pode trabalhar.
— que hoje esta casa de farinha
era a última a funcionar
— que já ninguém, farinha
fabricaria em seu lugar

AD IMMORTALITATEM
ACADEMIA BRASILEIRA

– Muitos bons dias, senhora
que nesta sala está,
trago a carga de mandioca
que criou-se no meu lugar

– Muitos bons dias senhora,
que todos aqui estais.
Trago a carga de mandioca
que as pessoas pude apurar

– Muitos bons dias senhoras
eis, me mandaram entregar:
todo o que de mandioca
eu tinha podido lavrar.

– Muitos bons dias senhoras
eis, me mandaram entregar
dizendo que aqui terá
a última vez de a entregar.

– que se vê a [illegible] hoje
não mais podia entregar

– que hoje é o último dia
que se pode trabalhar.

– que hoje esta casa de farinha
há a última vez a funcionar.

– que já ninguém, farinha
fabricará em seu lugar

— Nada podemos dizer disso
que vós todos estais a contar
o que sabemos é que tínhamos
de estar hoje neste lugar
— Nesta casa de farinha
que se é a maior que em volta há,
não é a casa de farinha
que muitos tinham em seu lar
— Nos disseram que viéssemos
todos aqui nos juntar
e todos juntos, a mandioca
de todos juntos trabalhar
— Não sabemos o que passa
nem o que possa vir passar.
Aqui nos juntaram todos
no tempo e espaço a acabar.

— Nós também minhas senhoras
não sabemos o que há
— Só sabemos que é o último dia
que se tem para trabalhar.
— Cada um traz sua mandioca
que, claro, vão se misturar.
— A minha, é uma mandioca
que nem Glória do Goitá

2

AD IMMORTALITATEM
ACADEMIA BRASILEIRA

— Nada podemos dizer disso
que vós todos estão a contar
O que sabemos é que tínhamos
de estar cá hoje neste lugar
— nesta casa de farinha
que se é a maior que eu vi até lá,
não é a casa de farinha
que muitos tinham em seu lar
— Nos disseram que viéssemos
todos aqui nos juntar
e todos juntos, a mandioca
de todos juntos, trabalhar.
— Não sabemos o que passa
nem o que possa vir passar
Aqui nos juntaram todos
no tempo e espaço, a acabar.

— Nós também minhas senhoras
não sabemos o que há
— Só sabemos que é o último dia
que se tem para trabalhar
— Cada um traz a mandioca
que, claro, vão se misturar.
— A minha, é uma mandioca
que vem Glória do Goitá

— A minha é uma mandioca
que o governo me faz plantar
— Não há melhor do que a minha
nem temo com quem emparelhar

— Por que vós, mandioqueiros,
cada um a se gabar
da mandioca que trazem
não o nosso aqui apurar?
— Vocês que estão lá de fora
podem bem nos explicar
por que um dia somente
nos deram para trabalhar
— E por que nos forçaram juntas
a lado a lado juntar
a mandioca de todos
como para as igualar.
— Vocês, cada um está pronto
à que trazer, melhor achar
pois todas vão se perder
nesse confuso labutar

— Por que então, livres daqui,
não podereis apurar
— o que é que está acontecendo
hoje, aqui, neste lugar.

AD IMMORTALITATEM
ACADEMIA BRASILEIRA

— A minha é uma mandioca
que o governo me fez plantar
— Não há melhor do que a ~~minha~~ minha
nem temos com que emparelhar

— Porque vós, mandioqueiros,
cada um a se gabar
da mandioca que trazem
não o nosso aqui apuram?
— Vocês que estão lá de fora
podem bem nos explicar
porque um dia somente
nos deram para trabalhar
— E porque nos forçaram juntos
a lado a lado juntar
a mandioca de ~~todos~~ todos
como para as igualar.
— Vocês, cada um está pronto
a que trazem, melhor achar.
Pois todos vão se perder
nesse ~~[illegible]~~ confuso labutar

— Porque então, livres daqui
não poderão apurar
— O que é que está acontecendo
hoje, aqui, neste lugar.

— Vós, daqui para os roçados
estais livres de ir, voltar.
— De saber por que essa pressa
de hoje de vez acabar

— Tudo é uma só mandioca
ninguém tem de se louvar
— Tudo vai acabar na mesma
massa que se fará cozinhar
—Não importa se é de chã
se é de serra, de seu espalhar
— A farinha sairá igual
sem o selo do lugar

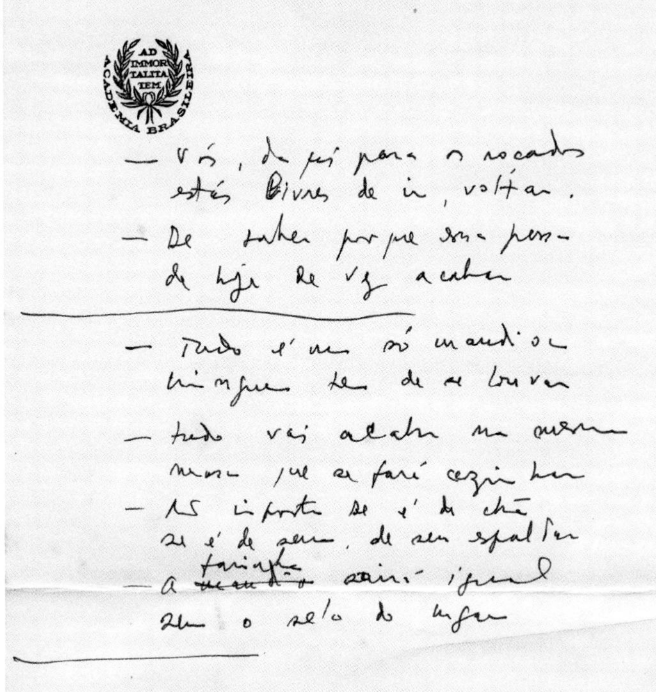

— Vós, de pés para o roçado
estais livres de ir, voltar.

— De saber porque essa pessoa
de hoje de vez acabar

— Tudo é um só mandioca
ninguém tem de se louvar

— tudo vai acabar na mesma
massa que se fará cozinhar

— Não importa se é do chão
se é de serra, de sem espalhar

— A ~~mandioca~~ farinha sairá igual
sem o selo do lugar

11.10.85
Início possível de
Casa de Farinha

Os Carregadores

– Bom bom-dia, minha gente.
– Bom dia para os presentes.
– Bom dia, futuramente.
– Bom dia, ainda no ventre

As mulheres
de descascar

– Bom dia tem que dizer
quem chega a todo presente.
– ~~Bom-dia é como~~ Dizer bom dia é tirar
o chapéu, cumpridamente.
– Bom-dia não antecipa
o dia que espera em frente.
– Nem bom-dia tem a ver
se é sol ou chuvadamente.

Os Carregadores

– Nós respondemos bom-dia
a quem amigavelmente.
– Retribuímos o chapéu
sem tirá-lo mulhermente.
– Não há bom-dia ao pé da letra;
sei que ele nada promete.
– Que bom-dia pode ter
quem ouviu: trabalhe e espere?

11.10.85

A CASA DE FARINHA

- Bom bom-dia, minha gente.
- Bom-dia para os presentes.
- Bom-dia, futuramente.
- Bom dia, ainda no ventre

- Bom dia tem que dizer
quem chega a todo presente.
- Bom-dia é como tirar
o chapéu, cumpridamente.
- Bom-dia não antecipa
o dia que espera em frente.
- Nem bom-dia tem a ver
se é sol ou chuvadamente.

- Nós respondemos bom-dia
a quem amigavelmente.
- Retribuimos o chapéu
sem tirá-lo mulhermente.
- Não há bom-dia ao pé da letra;
sei que ele nada promete.
- Que bom-dia pode ter
quem ouviu: trabalhe e espere ?

– Vocês que chegam de fora,
o bom-dia é de valer?
– Porque aqui de madrugada
corujamos sem saber?
– Bom dia é o que precisamos
quem está aqui sem saber.
– Que floresça num bom dia
o dia que está a florescer.

Os Carregadores

– Viemos de fora, mas não
há promessa em nosso bom-dia.
– O escuro não deixou ver
se vai chover ou se estia.
– Fora, ninguém diz saber
por que a geral companhia.
– Que tem de moer a farinha
no dia que dura um dia.

As mulheres
de descascar

– A vocês cabe saber
por que dessa pressa toda.
– Antes cada um em seu dia
vinha moer sua mandioca.

- Vocês que chegam de fora,
  o bom-dia é de valer ?
- Porque aqui de madrugada
  corujamos, sem saber ?
- Bom dia é o que precisamos
  quem está aqui sem saber.
- Que floresça num bom dia
  o dia que está a florescer.

- Viemos de fora, mas não
  há promessa em nosso bom-dia.
- O escuro não deixou ver
  se vai chover ou se estia.
- Fora, ninguém diz saber
  porque a geral companhia.
- Que tem de moer a farinha
  no dia que dura um dia.

- A vocês cabe saber
  porque dessa pressa toda.
- Antes cada um em seu dia
  vinha moer sua mandioca.

As mulheres de descascar

– Cada quem tinha seu dia,
moía o que deu sua roça.
– Moía sem mais cuidados;
pagava a moagem na boca.

Os Carregadores

– Nós vamos tentar saber
fiquem calmas as senhoras.
– Vamos desviar os caminhos
que há daqui a cada roça.
– Vamos procurar ouvir
o que se diz lá por fora.
– Cada vez com a mandioca
traremos boas, más novas.

As mulheres de descascar

– Pensar que todos tivemos
nossas casas de farinha.
– Sim, mas consumia a vida
fazer a pouca farinha.
– No dínamo de Seu Tão
tudo mais simples corria.
– O tipiti chupa mais fundo,
como moenda de usina.

- Cada quem tinha seu dia,
moía o que deu sua roça.
- Moía sem mais cuidados;
pagava a moagem na boca.

- Nós vamos tentar saber
fiquem calmas as senhoras.
- Vamos desviar os caminhos
que há daqui a cada roça.
- Vamos procurar ouvir
o que se diz lá por fora.
- Cada vez com a mandioca
traremos boas, más novas.

- Pensar que todos tivemos
nossas casas de farinha.
- Sim, mas consumia a vida
fazer a pouca farinha.
- No dínamo de Seu Tão
tudo mais simples corria.
- O tipiti chupa mais fundo,
como moenda de usina.

Casa de farinha

5.XI.85

– Enquanto vão-vêm trazendo
mandioca, trazem notícias.
– Podem nos dizer por que
aqui estamos reunidos
– Um prazo de vinte horas
temos para nossa farinha
– Depois dessas vinte horas
não se sabe o que viria.

– Mesmo os que sem novidades
trazem aqui sua mandioca.
– Trazem no estado mais feio
arrancado da terra morta
– A planta mandioca é viva
é simétrica, arquitetônica
– Mas o que interessa nela
são as raízes que provocam.

– A mandioca é planta feia
quase sempre venenosa.
– Seu veneno de manipueira
morde mais que qualquer cobra
– Nem sempre ela é bonachona
como a macacheira da horta x
– E é difícil distinguir
qual a de comer de [...]

Casa de farinha

5. XI. 85.

- Enquanto vão-se trazendo
mandioca, trazem notícias.
- Podem nos dizer porque
aqui estamos reunidos
- Um pagar de vinte horas
temos para uma farinha
- Depois temos vinte horas
~~[illegible]~~ não se sabe o que virá

- Mesmo o que sem novidades
trazem aqui sua ~~sua~~ mandioca.
- Trazem no estado mais feio
arrancada da terra morta
- A planta mandioca é viva
é simetria arquitetônica
- Mas o que interessa nela
são as raízes que provocam

- A mandioca é planta feia
quase sempre venenosa
- Seu veneno de manipueira
morde mais que qualquer cobra
- Nem sempre ela é bonachona
como a macaxeira da horta +
- E é difícil distinguir
qual a de comer da cobra.

5.XI.85 – 2

– E a mandioca é planta feia
  aliás não é planta, é raiz
– Uma raiz que se desplanta
da terra, como _______
– E que traz da própria terra
  onde viveu ________
– Toda a feiura da terra,
  sua rudeza ________

– E essa mandioca que temos
  de descascar com a quicé
– Dessa coisa da cor de terra
  da cor de sujo, do que é,
– Temos de fazer a coisa branca
  descascá-la ao branco, até.
– Descascá-la até a coxa branca
  despi-la do grosso que _______

– E aqui estamos, as raspadeiras
  despindo o mundo do feio
– O mundo tem mãos de terra
  calos na vida e nos dedos.
– O que nos cabe é fazer
  com que o sujo que nos veio
– Possa ser a carne branca
que exige __________
              (todo o processo)

5.XI.85 — 2

— E a mandioca é planta feia
aliás não é planta, é raiz
— uma raiz que se desplanta
da terra, como ______
— E que traz da própria terra
onde viveu ______
— toda a feiura da terra,
~~sua~~ sua rudeza ______

— E essa mandioca que temos
de descascar com a quicé
— essa coisa da cor da terra
da cor do sexo, do que é,
— temos de fazer a coisa branca
~~despi-la~~
descascá-la ao branco, até.
— descascá-la até a coxa branca
despi-la do forro que ______

— E aqui estamos, as raspadeiras
despindo o mundo do feio
— o mundo tem mãos de terra
calos na vida e nos dedos.
— o que nos cabe é ~~fingir~~ fazer
com que o sexo que nos veio
— possa ser a carne branca
que exige ______ (todo o poema)

5.XI.85 3

– Temos de despir a raiz
como se despe a donzela.
– Da sujeira que ela traz
e é onde está a terra dela.
– Despi-la de pernambucana,
de Vila Bela ou Águas Belas.
– Despi-la até possa ser
farinha paulista ou mineira.

– Temos de despi-la do feio
desse coscorão concreto
– Temos de despindo fingir
que o mundo real é secreto
– Temos de despi-la a sua [...]
de despi-la do grosseiro
– Nossa missão é fazê-la
falar em língua do pelo.

5.XI.85 3

— Temos de despir a raiz
como se despe a donzela.
— Da surpresa que ela traz
e é onde está a terra dela.
— Despi-la de pernambucana,
de Vila Bela ou Águas Belas.
— Despi-la até posso ser
familiar paulista ou mineira

— Temos de despi-la do peso
desse coscorão concreto
— Temos de despi-la p'ra que fique
que o mundo real é o secreto
— Temos de despi-la a sua fleuma
de despi-la do grosseiro
— Nosso mister é fazê-la
falar na língua do selo.

Sobre o autor

JOÃO CABRAL DE MELO NETO nasceu no Recife (PE), no dia 9 de janeiro de 1920. Diplomata, serviu em consulados, delegações e embaixadas brasileiros na Espanha, Reino Unido, Portugal, França, Suíça, Paraguai, Senegal e Honduras. Como poeta, estreou em 1942 com *Pedra do sono*. Em 1945 lança *O engenheiro*. Cinco anos depois publica *O cão sem plumas*. Seguem-se, entre outros livros, *O rio* (1954), *Duas águas* (1956) – que, além dos livros anteriores, contém *Paisagens com figuras*, *Uma faca só lâmina* e *Morte e vida severina* –, *Quaderna* (1960), *Dois parlamentos* (1961), *A educação pela pedra* (1966), *Museu de tudo* (1975), *A escola das facas* (1980), *Auto do frade* (1984), *Agrestes* (1985), *Crime na* calle *Relator* (1987) e *Sevilha andando* (1989). Agraciado com diversos prêmios nacionais e internacionais – entre eles, o Camões, o Neustadt International e o Rainha Sofia –, foi eleito para a Academia Brasileira de Letras em 1968. Faleceu no Rio de Janeiro (RJ) no dia 9 de outubro de 1999.

Este livro foi impresso
pela Geográfica para a
Editora Objetiva em
outubro de 2013.